Integridad Intelectual

(Lentes Cristianos)

Una introducción al desarrollo de una cosmovisión cristiana (NUEVA EDICIÓN)

Richard B. Ramsay

INTEGRIDAD INTELECTUAL (Lentes Cristianos); Una introducción al desarrollo de una cosmovisión cristiana (NUEVA EDICIÓN)

Richard B. Ramsay

© 2025, Richard B. Ramsay
ISBN: 979-8-90148-580-4
Staten House

© 2024, Richard B. Ramsay
Nueva edición publicada de manera independiente como *INTEGRIDAD INTELECTUAL; Una introducción al desarrollo de una cosmovisión cristiana (Nueva Edición)*

© 2005, Richard B. Ramsay
Primera edición publicada por Editorial CLIE como INTEGRIDAD INTELECTUAL; Una introducción al desarrollo de una cosmovisión cristiana

Las citas bíblicas son de la versión *Nueva Biblia de las Américas (NBLA)*, sacadas de *e-Sword*, excepto donde se indica otra traducción.

EL propósito del libro

Los evangélicos a veces sufrimos de una mente dividida, separando las cosas "espirituales" de las cosas "seculares". El propósito de este libro es ayudar a desarrollar una cosmovisión cristiana, una visión integrada, basada en principios bíblicos. Analiza el concepto cristiano de la verdad, la relación del cristiano con la cultura, y cosmovisiones no cristianas. Finalmente, le ayuda a ponerse "lentes" cristianos, como dijo Calvino, para ver temas como el concepto de la verdad, la política, la economía, la ciencia, y el arte.

Y no se adapten a este mundo, sino transfórmense mediante la renovación de su mente, para que verifiquen cuál es la voluntad de Dios: lo que es bueno y aceptable y perfecto. (Romanos 12:2)

El autor

Dr. Ramsay fue misionero en Chile durante 21 años, enseñando en un seminario y plantando iglesias. Allí conoció a su esposa, Angélica. Ahora viven en Florida, EE.UU. Tienen dos hijos, ambos casados y con familia. Durante los últimos 25 años, han trabajado internacionalmente en educación a distancia, viajando para impartir conferencias y produciendo recursos para la educación teológica y la formación de líderes. Richard ha sido profesor para la *Universidad FLET* y *Thirdmill Seminary*, y ha desarrollado muchos cursos en línea.

Tiene un Doctorado en Misiones y una Maestría en Divinidades de *Westminster Theological Seminary*, además de una Maestría en Teología de *Covenant Theological Seminary*.

Otros libros del autor incluyen *Certeza de la fe*, *¿Cuán bueno debo ser?*, *Católicos y protestantes*, *Griego y exégesis*, *A Su imagen*, *Fortalece tu fe*, *Sinopsis de la Biblia*, *Exploremos Génesis* (coautor), *Armemos el rompecabezas*, y *Orientación para líderes*.

Dedicatoria

Quisiera dedicar este libro a nuestros nietos. Aunque todavía son pequeños, ¡nos han traído una alegría enorme y los amamos mucho! Van a crecer en un mundo que habrá cambiado mucho desde que escribo estas líneas. ¡Que el Señor les dé fe, amor, sabiduría, y gozo!

CONTENIDO

Prefacio

Aunque fui criado en una familia cristiana, empecé a dudar de mi fe durante mi primer curso de filosofía en la universidad. En medio de mi peregrinaje espiritual, el Señor me mostró Su presencia una noche a través de las brillantes estrellas. Entregué mi corazón al Señor, y volví a mi casa espiritualmente renovado. Sin embargo, sin saberlo en el momento, todavía me faltaba entregar mi mente al Señor también. Todavía asistía a clases en las que me estaban enseñando en forma sutil que yo mismo debería ser juez de la verdad, que la verdad era relativa y subjetiva. Me estaban lavando el cerebro con esa mentalidad, sin que yo me diera cuenta. Yo seguía viviendo una dualidad entre mi vida "espiritual" y mi vida intelectual.

Desperté a esa realidad cuando tomé un curso sobre la ética. Primero pensé que mi profesor era un pensador profundo, por la manera en que hacía buenas preguntas. Siempre decía, "¿Por qué piensas eso?" Me hizo dar cuenta de que debía saber defender mi punto de vista. Un día fuimos a escuchar una conferencia de un conocido filósofo que habló sobre el tema de la ética. Me llamó la atención que en todo su discurso no defendió ninguna posición. Simplemente arrojaba sus opiniones sobre cualquier tema. Volví a la clase indignado, y seguro de que nuestro profesor lo iba a criticar duramente por eso. Cuando el profesor pidió nuestra opinión del discurso, levanté la mano, convencido de que todos iban a estar de acuerdo con mi comentario. Yo dije, "Fue interesante, pero no defendió ninguna de sus opiniones". ¿Sabe lo que me dijo el profesor? "¿Por qué piensas que debería defender sus opiniones?" ¡No lo pude creer! Empecé a preguntarme si el profesor estaba tratando de desafiarnos a pensar, o si él mismo no tenía ninguna respuesta clara. Posiblemente para él, cualquier opinión era válida, y no existía la verdad absoluta. Quizás quería enseñarnos que podíamos decidir por nosotros mismos lo que era verdad.

A medida que avanzaba el semestre, me di cuenta de que estábamos estudiando diferentes puntos de vista filosóficos de la ética, pero al igual que el orador que escuchamos, no parecían dar una defensa convincente de sus posiciones. Alguien en clase contó un chiste que me habría parecido bastante aburrido antes de tomar esta clase, pero en ese momento nos hizo reír a todos, porque ilustraba lo que estábamos observando. El chiste es que dos hombres cabalgaban por el desierto en sus caballos, cuando de repente uno de ellos se arroja sobre un cactus. El otro hombre está asombrado y le pregunta: "¡¿Por qué hiciste eso?!" Sangrando y confuso, el pobre responde: "No lo sé. ¡Parecía buena idea en ese momento!"

Empecé a cuestionar las presuposiciones más fundamentales de mi enseñanza universitaria. Leía los libros de Francis Schaeffer, que me ayudaron a ver que la Biblia habla la verdad en cada área de vida y estudio. Me despertaron el deseo de desarrollar un enfoque bíblico de todo. Al final del semestre, en mi proyecto escrito, argumenté que deberíamos basar nuestra ética en la autoridad de nuestro Creador, quien nos ha dado normas éticas en las Escrituras.

Después, Cornelius Van Til me ayudó a ver el problema del relativismo y de la pretendida subjetividad de la verdad en el pensamiento no cristiano. El Señor utilizó a estos dos autores para llevarme a entregar, no solamente mi corazón, sino también mi cabeza, a Jesucristo. En realidad, fue como una "segunda conversión".

No me entiendan mal. La Biblia enseña que hay una sola conversión, teológicamente hablando. Sin embargo, algunos vivimos una vida tan dividida entre nuestra fe cristiana y nuestra forma no cristiana de pensar, que necesitamos un cambio radical, tan radical que podríamos llamarlo una conversión intelectual.

Después de mis luchas, prometí ayudar a otros que estuvieran dudando de su fe. En realidad, eso es lo que me ha motivado a trabajar en el ministerio. Quisiera entregar este libro al Señor como un cumplimiento parcial de esa promesa que le hice.

Nota adicional para la edición de 2024

Esta edición incluye algunas actualizaciones y toma en cuenta algunos cambios que se han producido desde que escribí la primera edición de este libro publicado en el año 2005. Algunas personas consideran que "postmoderno" posiblemente no sea el mejor término para describir el mundo en el que vivimos actualmente, pero no tienen otro término para describirlo mejor. Donald A. Carson considera que el postmodernismo ya no se promueve en muchas universidades estadounidenses como se hacía anteriormente. Sin embargo, agrega que "no ha sido reemplazado por otro movimiento identificable y que su influencia aún se siente, por ejemplo, en considerar a todas las religiones como iguales y en la renuencia a pensar mucho sobre el bien y el mal...".[1]

También algunos recientemente han cuestionado si debiéramos hablar de una "cosmovisión cristiana". Donald Carson menciona que "en los últimos años, un número creciente de autores ha rechazado la noción de 'cosmovisión' en general y de 'cosmovisión cristiana' en particular. Algunos sospechan del razonamiento sobre cosmovisión porque ningún ser humano finito puede captar una visión verdadera del mundo". Su respuesta es que no significa pretender tener una perspectiva perfecta. Dice que "Una 'cosmovisión', después de todo, no es más que una visión del 'mundo', es decir, de toda la realidad".[2]

Hay algunas doctrinas fundamentales que todos los cristianos deben sostener, como la existencia de Dios, la

---

[1] Donald A. Carson, *Christ and Culture Revisited*. [Cristo y cultura; una nueva aproximación] (Grand Rapids: Eerdmans, 2012). Prefacio para una version publicada en 2012. La primera edición fue publicada en 2008.

[2] D.A. Carson, *Christ and Culture Revisited* (Grand Rapids: Eerdmans, 2008), p. 95, Kindle.

Trinidad, la creación, la Caída, la encarnación de Jesús, la redención en Jesús a través de Su muerte en la cruz y Su resurrección, las Escrituras como nuestra fuente infalible de verdad, y el futuro regreso de Jesús para establecer la forma final de Su reino. En este libro queremos ir más allá de esas creencias básicas para ver otros aspectos de la vida, mirando la política, la economía, la ciencia, y las artes. Desde el principio, quiero dejar en claro que no pretendo tener *la* cosmovisión cristiana en esas áreas extendidas. No soy un experto en ninguna de esas áreas. Simplemente quiero dar ejemplos de cómo abordar estos temas desde un punto de vista bíblico. Ofrezco algunos pensamientos de otros escritores expertos en esas áreas, especialmente de la tradición reformada, y comparto algunas de mis propias reflexiones.

Otros han expresado su preocupación de que el hecho de dar mucho énfasis al desarrollo de una cosmovisión cristiana puede enfocarse demasiado en el intelecto. Estoy de acuerdo en que esto puede ser un problema, tal como sucede cuando estudiamos la Biblia y teología. La educación cristiana debe incluir "mente, manos, y corazón". Debemos amar al Señor con nuestro corazón, alma, mente y fuerzas (Marcos 12:30). Sin embargo, creo que actualmente es urgente ayudar a los evangélicos a desarrollar y defender una cosmovisión cristiana. Este libro es principalmente un esfuerzo para ayudarnos a aprender a amar a Dios con nuestra mente, pero espero que también nos lleve a amarlo y adorarlo más con el corazón y a servirlo más fielmente con las manos.

Finalmente, algunos de los temas considerados en este libro se han convertido en un "campo minado" de malentendidos. Le pediría al lector que, por favor, no intente clasificarme en alguna categoría, algún partido político, o escuela de pensamiento, suponiendo que tengo ciertos puntos de vista que quizás no tenga. El hecho de que cite a un autor sobre un tema determinado no me convierte en representante o discípulo de ese autor. Mi propósito no es promover a ningún teólogo o movimiento en particular, sino simplemente ayudar a los cristianos a ser más consecuentes en su forma de pensar, buscando la verdad en las Escrituras acerca de todas las áreas del pensamiento.

1. La esquizofrenia intelectual[3]

"Ya no hay una mente cristiana."
HARRY BLAMIRES[4]

Los evangélicos a veces padecemos de "esquizofrenia intelectual". Con esto quiero decir que tenemos una *mente dividida*. Cuando se trata de un tema teológico o "espiritual", buscamos respuestas basadas en las enseñanzas de las Escrituras, pero cuando se trata de otros temas como la política, la economía, o el arte, por ejemplo, frecuentemente nuestras opiniones no tienen ninguna relación con nuestra fe cristiana. El resultado es que desarrollamos una mentalidad fragmentada.

En el momento de escribir estas líneas (de la primera versión), había un tema discutido mundialmente: la guerra de Estados Unidos en Irak (comenzando en el año 2003). Algunos estaban a favor, y otros en contra. Me llamaba la atención la manera en que se conversaba acerca del tema entre cristianos. Escuchaba comentarios simplistas como "¡Esto es imperialismo!" por un lado, y "¡Saddam Hussein es una amenaza!" por otro lado. Algunos advertían que nos iban a atacar. Otros reclamaban que no había sido probado que Irak tuviera armas nucleares. Lo curioso es que no escuché a casi *nadie* hablar de una perspectiva cristiana de la guerra. Hay bastante literatura cristiana y hay pasajes bíblicos que nos pueden orientar acerca de la guerra, pero no escuchaba

---

[3] Cuando estuve en Chile (1978-1999), una de las clases que enseñé en el seminario durante varios años fue "filosofía cristiana". Mucho de este libro consiste en actualizaciones del contenido de esas clases.

[4] Harry Blamires, *The Christian Mind* [La mente cristiana] (Ann Arbor, Michigan: Servant Books, 1963), p. 3.

referencias a esto en nuestras conversaciones. Y yo soy tan culpable como los demás.

Me hizo preguntar por qué formamos nuestras opiniones sobre tantos asuntos importantes, sin referencia a la Biblia o a nuestras convicciones cristianas. Si creemos que "toda Escritura es inspirada por Dios y útil para enseñar, para reprender, para corregir, para instruir en justicia, a fin de que el hombre de Dios sea perfecto, equipado para toda buena obra" (2 Timoteo 3:16-17), entonces ¿por qué no usamos la Biblia para formar nuestras opiniones acerca de temas como este?

Tengo la impresión de que muchos cristianos repiten simplemente lo que han leído en el diario o lo que han escuchado en la televisión. También creo que muchas opiniones acerca de temas actuales reflejan más "consecuencialismo" que cristianismo. Es decir, lo que resulte bien es lo correcto. En vez de preguntarnos cuáles son los principios éticos bíblicos, nos preguntamos, "¿qué pasaría si...", y basándonos en nuestra especulación de las posibles consecuencias, tomamos decisiones importantes. Además, a veces se usa el concepto de que "el fin justifica los medios" para defender nuestras decisiones.

Tal como nos falta integridad moral, nos falta integridad intelectual. Recuerdo cuando estaba estudiando en el seminario, que había muchos compañeros que yo consideraba espiritualmente maduros y teológicamente astutos. Sin embargo, ¡no podía creer el cambio de personalidad que veía cuando salíamos a jugar deportes! Algunos de estos gigantes espirituales se convertían en niños traviesos en la cancha. Cuando salía la pelota un poquito fuera de la cancha, decían que no había salido. Cuando un compañero estaba en su camino, no tenían escrúpulos en atropellarlo. Cuando perdían el partido, se enojaban. Yo también hacía lo mismo. Los amigos del seminario que estaban en el otro equipo eran nuestros enemigos en la cancha. Esto nos parecía lo más natural, y jamás cuestionábamos esta ética deportiva.

Yo veo que sucede algo parecido en el campo *intelectual*, y con nuestras convicciones. Sin darnos cuenta, a menudo empezamos a pensar como no creyentes cuando hablamos de ciertos temas. Incluso, algunos ni siquiera se han preguntado si hay una perspectiva cristiana de la ciencia, del gobierno, de la economía, del arte, o de la música.

Las causas de la falta de integridad intelectual

En parte, esta inconsecuencia en nuestras convicciones se debe a la secularización de la educación pública. Se supone que debemos dejar a Dios afuera cuando entramos a la sala de ciencias naturales. El instructor puede enseñar la teoría de la evolución como si fuera un hecho comprobado, pero no hay lugar para hablar de la creación o del diseño inteligente, porque eso sería mezclar la religión con la ciencia. A veces enseñan los enfoques de los psicólogos seculares acerca de la naturaleza del hombre, sin considerar el enfoque cristiano.

En mi primer año de la universidad, el primer día de clases, el profesor de filosofía preguntó cuántos creíamos en Dios. Cuando la mitad de los alumnos levantó la mano, él dijo: "Bueno, espero que al final del semestre, todos vean que no hay ninguna razón para creer en Dios". Su plan dio buenos resultados con algunos alumnos, pero fue precisamente este desafío el que me hizo acercarme más al Señor.

También podemos encontrar en teólogos medievales como Tomás de Aquino (1225-74) raíces históricas de hacer una separación entre fe y razón, dejándolas como herramientas independientes para descubrir la verdad. Según su punto de vista, podemos usar nuestra razón para estudiar la naturaleza para descubrir algunas verdades, pero necesitamos la fe y las Escrituras para comprender otras cosas. Por ejemplo, en *Suma Teológica*, presenta argumentos razonados para la existencia de Dios,[5] pero reconoce que "es imposible que por la razón natural se llegue al conocimiento de la trinidad de las personas divinas."[6] John Frame explica que Aquino distingue entre "filosofía" y "doctrina sagrada", y dice que para Aquino, "la filosofía es gobernada por la razón humana, la doctrina sagrada por la fe". Esto puede parecer legítimo al principio, pero conduce a una separación que ha sido dañina en formas que él no podía prever. Como resultado, algunos cristianos hablan de ciencia sin hacer referencia a la Biblia o la fe, y otros hablan de la Biblia y asuntos de la fe sin tratar de armonizarlos con la ciencia y la razón.[7]

Esta tendencia todavía es fuerte en la Iglesia Católica Romana. En la encíclica que fue publicada en el año 1998, "Fides et Ratio"[8], el Papa Juan Pablo II manifiesta su preocupación por la forma en que la razón ha sido distorsionada y ha dominado por sobre la fe en algunos períodos históricos, produciendo agnosticismo y relativismo. Sin embargo, defiende la posición tradicional católica, que reconoce la "recíproca autonomía" de las dos. Dice,

---

[5] Cuestion 2, Artículo 1. Vea <http://www.documentacatholicaomnia.eu/03d/1225-1274,_Thomas_Aquinas,_Summa_Theologiae,_ES.pdf>
[6] Cuestión 32, Artículo 1.
[7] John Frame, *A History of Western Philosophy and Theology* [Una historia de la filosofía y teología occidental] (Phillipsburg, NJ: P&R Publishing, 2015), p. 144-46.
[8] Carta Encíclica *Fides et Ratio* del Sumo Póntifice Juan Pablo II a los obispos de la Iglesia Católica sobre las relaciones entre la fe y razón, 1998.

La fe y la razón (Fides et ratio) son como las dos alas con las cuales el espíritu humano se eleva hacia la contemplación de la verdad. (primer párrafo)

No hay, pues, motivo de competitividad alguna entre la razón y la fe: una está dentro de la otra, y cada una tiene su propio espacio de realización. (sección 17)

No es inoportuna, por tanto, mi llamada fuerte e incisiva para que la fe y la filosofía recuperen la unidad profunda que les hace capaces de ser coherentes con su naturaleza en el respeto de la recíproca autonomía. A la parresia de la fe debe corresponder la audacia de la razón. (sección 48)

Kant, el famoso filósofo, hizo una separación parecida. Distinguió entre el mundo físico y el mundo metafísico, el mundo de los "fenómenos" y el mundo de los "noúmenos". La razón "pura" funciona en el mundo físico, pero la razón "práctica" funciona en el mundo metafísico. El mundo de los "fenómenos" es determinado, pero hay libertad en el mundo de los "noúmenos". La religión y la moralidad están en el mundo de los "noúmenos", un mundo lleno de misterio.

Religión
Moralidad
Libertad

NOÚMENOS
RAZÓN PRÁCTICA   **MUNDO METAFÍSICO**
_____

FENÓMENOS   **MUNDO FÍSICO**
RAZÓN PURA

Ciencia
Experiencia
Todo determinado

Así se formó una dicotomía dañina que sutilmente ha permeado el pensamiento de muchos cristianos. La ciencia llega a ser razonable y objetiva, mientras los asuntos religiosos son ambiguos, inseguros, y subjetivos. Algunos evitan el uso de la fe para la interpretación de la naturaleza, y otros evitan el uso de la razón para interpretar los asuntos "religiosos".

Finalmente, dentro de la iglesia durante el siglo XX, el movimiento fundamentalista reaccionó a la teología modernista y su énfasis en asuntos sociales, prefiriendo enfocarse en la evangelización. Aunque era necesario defender la infalibilidad bíblica y la teología ortodoxa conservadora, el movimiento tendía a prestar poca atención a algunos problemas sociales y culturales importantes. Esto inevitablemente significaba dejar esas áreas a otros y crear una cosmovisión fragmentada entre ellos. Frecuentemente los evangélicos conservadores hemos sido criticados por "preocuparnos solo por el alma, pero no por el cuerpo" y por establecer un cómodo "refugio del mundo".

Sin embargo, ni las instituciones de educación, ni Tomás de Aquino, ni Kant tiene la mayor parte de la culpa. La culpa principal es de nosotros los evangélicos. Hemos sido muy pasivos y muy ingenuos en la batalla por la verdad. Sin darnos cuenta, nos hemos puesto los anteojos de los no creyentes para investigar la creación de Dios.

Harry Blamires arguye que "ya no hay una mente cristiana", que el pensamiento cristiano ha sido secularizado. Con "mente cristiana", no se refiere a individuos que piensan, sino a "un conjunto de conceptos y actitudes colectivamente aceptados"[9], una corriente de pensamiento cristiano para

---

[9] Blamires, p. vii.

guiarnos, una escuela de pensamiento con que podamos dialogar. Opina que tenemos que buscar amigos no creyentes para conversar con profundidad acerca de temas de actualidad o temas de literatura seria.[10] Me gustaría poder decir que no tiene razón, pero creo que su observación es bastante acertada en general.

Algunos de los personajes más destacados de la historia occidental han sido considerados cristianos: filósofos-teólogos como Agustín, Anselmo, y Tomás de Aquino, escritores como Dante, Dostoievski, y Tolstoi, pintores como Rembrandt, y músicos como Johann Sebastián Bach, por ejemplo. No obstante, en nuestra época, pocos cristianos serían nombrados entre los más destacados.

Hay excepciones, y creo que ha habido una mejoría durante los últimos años. Permítame mencionar solamente algunos ejemplos. C. S. Lewis tenía una de las mentes más brillantes y creativas del siglo XX. Sus libros teológicos y filosóficos presentan argumentos profundos y contundentes. Sus novelas entretenidas para niños (serie de Narnia) han sido traducidas y leídas en muchos países del mundo. Ahora están haciendo películas basadas en ellas. Él propuso que nuestra influencia cristiana es aún más fuerte cuando tratamos temas diversos con un enfoque cristiano, y no cuando tratamos solamente temas propiamente "espirituales".

Creo que cualquier cristiano que está calificado para escribir un buen libro popular acerca de cualquiera ciencia puede lograr mucho más que algún trabajo directamente apologético. La dificultad que enfrentamos es esta. Podemos hacer (frecuentemente)

---

[10] Blamires, p. 4.

que la gente escuche el punto de vista cristiano durante una media hora o más; pero en el momento en que se van de la sala en que hacíamos el discurso, o en el momento que dejan al lado nuestro artículo, son sumergidos inmediatamente de nuevo en un mundo en que la posición opuesta se da por sentada.

Lo que queremos no son más libros acerca del cristianismo, sino más libros escritos por cristianos acerca de otros temas —con su cristianismo latente.[11]

Hay otros menos famosos, pero han hecho contribuciones importantes en el desarrollo de una cosmovisión cristiana. Francis Schaeffer fue un modelo para muchos de nosotros en su manera de analizar el pensamiento y la cultura occidentales desde una perspectiva cristiana. H.R. Rookmaaker nos ayuda a entender las tendencias en el arte (*Arte moderno y la muerte de una cultura*). Uno de los autores hispanos más recientes que está haciendo un impacto con su análisis cristiano es Antonio Cruz de España (*Postmodernidad, Sociología; una desmitificación, ¿Darwin mató a Dios?, Bioética cristiana*). Alvin Plantiga, profesor de *Notre Dame*, es un filósofo cristiano muy conocido actualmente (*God and Other Minds, The Nature of Necessity, Warranted Christian Belief*). Hay más que podríamos nombrar, pero he mencionado algunos para dar una idea.[12] No es que esté de acuerdo con todas las

---

[11] *God in the Dock* [Dios en el dique] (Grand Rapids: Eerdmans, 1970), p. 93. Quoted by John Fischerman in *Fearless Faith* [Fe sin miedo] (Eugene, Oregon: Harvest House, 2002), pp. 146, 147. Traducción por el autor.

[12] En el campo de la psicología hay mucho progreso, ya que la consejería ha sido un aspecto clave del ministerio de la iglesia. Unos pocos ejemplos son: Larry Crabb, Norman Wright, Jorge León, Ricardo Crane, Jorge Sobarzo, Felipe Cortés, y Vladimir Rodríguez. Charles Colson ha analizado los acontecimientos actuales, las corrientes de pensamiento, y las novedades culturales, desde una perspectiva cristiana (*¿Y ahora cómo viviremos?*). William Romanowski (*Eyes Wide Open; Looking for God in*

enseñanzas de estos autores, pero por lo menos debemos felicitarlos por su esfuerzo en hacer un aporte a una "mente cristiana".

Finalmente, sería injusto no reconocer que hay esfuerzos a través de las redes sociales, sitios web y revistas, así como innumerables universidades, institutos y seminarios cristianos donde animan a las personas a desarrollar una cosmovisión cristiana. En nuestros púlpitos también se escucha más a menudo un análisis de la cultura y los acontecimientos actuales. En general, creo que la situación ha mejorado en los últimos años.

Los evangélicos son una minoría en América Latina y en España. Han tenido que luchar para tener una voz y una participación en los acontecimientos culturales y civiles. Pero creo que con el crecimiento de la Iglesia y con la superación del nivel educacional entre los evangélicos, la situación está mejorando. Aun así, todavía hay mucho que hacer.

El desafío bíblico

Las Escrituras nos desafían a pensar cristianamente, a renovar nuestra mente y llevar todo pensamiento cautivo para Cristo. Note que esto debería cambiar nuestra manera de vivir también.

Romanos 12:2
Y no se adapten a este mundo, sino transfórmense mediante la renovación de su mente, para que verifiquen cuál

---

Popular Culture), Kenneth Myers (*All God's Children and Blue Suede Shoes*), Douglas Groothuis (*Truth Decay*), John Fischer (*Finding God Where You Least Expect Him*) y Os Guinness (*¿Dust of Death, Time For Truth, The Case for Civility*) son nombres de otros autores que están reflexionando cristianamente acerca de la cultura en los Estados Unidos. Makoto Fujimura (*Art and Faith*) and Terry Glaspey (*Discovering God through the Arts*) están escribiendo acerca del arte. Vea la bibliografía para otros escritos.

es la voluntad de Dios: lo que es bueno y aceptable y perfecto.

2 Corintios 10:5
... destruyendo especulaciones y todo razonamiento altivo que se levanta contra el conocimiento de Dios, y poniendo todo pensamiento en cautiverio a la obediencia de Cristo,

La primera pieza de la armadura que debemos ponernos es la "verdad" (Efesios 6:14).

Cuando Dios creó al hombre, le dio la tarea de ejercer dominio sobre los animales, y a "sojuzgar la tierra".

Génesis 1:26
Y dijo Dios: "Hagamos al hombre a Nuestra imagen, conforme a Nuestra semejanza; y ejerza dominio sobre los peces del mar, sobre las aves del cielo, sobre los ganados, sobre toda la tierra, y sobre todo reptil que se arrastra sobre la tierra."

Imaginemos que el hombre no hubiera caído en pecado; ¿qué habría sucedido? Yo creo que habría desarrollado una sociedad perfecta. Habría poblado la tierra, y habría creado maneras de alimentarse y subsistir, haciendo necesarias algunas formas de organización. Por ejemplo, habría establecido pautas para el intercambio de productos, y habría establecido normas de cooperación en el cuidado de las ovejas, el ganado, y otros animales. Es decir, habría hecho muchas de las mismas cosas que ha hecho el hombre ahora, pero sin los efectos dañinos y conflictivos del pecado. Esto lo llamaría "el reino de Dios". Esta orden de ser mayordomos sobre la tierra ha sido llamada "el mandato cultural", porque sugiere un proceso de dominio sobre cada aspecto de la vida humana.

El problema es que el hombre falló y acabó con el plan de un desarrollo perfecto del reino de Dios. Ahora el reino de Dios solamente puede ser establecido a través de una previa renovación espiritual. Jesucristo tuvo que entregarse a sí mismo como castigo en nuestro lugar, para que pudiéramos ser reconciliados con Dios y renovados, antes de poder empezar a reconstruir el reino de Dios.

La redención que Cristo nos compró incluye más que una simple póliza de seguro eterno. Nuestra salvación incluye una restauración total de todos los efectos negativos de la Caída. Significa "reunir" todas las cosas (Efesios 1:7-10), o "reconciliar" todas las cosas en Cristo (Colosenses 1:19-20).

Jesús es el Señor de todo. No hay ningún aspecto de la vida, no hay ninguna área de pensamiento que no sea Su territorio. Como cristianos, deseamos que Dios sea glorificado en todo. Esto nos obliga a desarrollar una cosmovisión cristiana.

Hace algunos años, mi esposa y yo visitamos Barcelona, y tuvimos el privilegio de ver el *Templo Expiatorio de la Sagrada Familia*. Fue diseñado mayormente por Antoni Gaudí al fin del siglo 19, pero todavía está en construcción. Nunca he visto nada parecido. Hay torres que alcanzan hacia el cielo con cruces y con frutas coloridas. La geometría de la naturaleza está mezclada con la arquitectura, y hay esculturas de escenas bíblicas donde sea que uno mire. La luz del sol se atrapa en aperturas de forma cónica en el techo, para que se ilumine el santuario. También hay vitrales que permiten la entrada de la luz con múltiples colores. El templo me hizo pensar en nuestra tarea como cristianos: debemos traer la luz del cielo hacia este mundo, y debemos ofrecer fruto espiritual para dar gracias a Dios.

Cómo desarrollar una cosmovisión cristiana

Yo estoy usando el término, "cosmovisión cristiana" en el sentido de *una mentalidad formada por presuposiciones bíblicas para reflexionar cristianamente acerca de todas las áreas de la vida.* Significa reflexionar de una manera bíblica acerca de todo. Podríamos llamarlo una "mentalidad bíblica". Usando una ilustración de Calvino, significa ponerse "lentes" cristianos para ver el mundo.[13]

James Sire usa el término "worldview" [cosmovisión] para referirse a creencias básicas. Para él, la cosmovisión cristiana incluye doctrinas importantes como la existencia de un Dios personal que creó el mundo, la imagen de Dios en el hombre, la Caída y la redención.[14] Albert Wolters destaca los temas de la creación, la caída y la redención.[15] Es importante identificar estos aspectos de nuestros "lentes", y frecuentemente se refiere a estas creencias cuando se habla de una cosmovisión cristiana. En este libro, yo también quisiera hablar en los primeros capítulos acerca algunas creencias básicas, como el enfoque cristiano de la verdad, la manera en que debemos relacionarnos con la cultura, y las diferencias entre el enfoque cristiano y otros enfoques, dando sugerencias acerca de cómo defender nuestro enfoque. Sin embargo, en la segunda mitad del libro quisiera

---

[13] Juan Calvino usa la ilustración de "anteojos" en la *Institución de la religión cristiana*, Libro I, sección 6, párrafo 1.

[14] James W. Sire, *The Universe Next Door* [El Universo de al lado] (Downers Grove, IL: InterVarsity Press, 1997).

[15] Albert M. Wolters, *Creation Regained; Biblical Basics for a Reformational Worldview*, second edition [La creación recuperada: bases biblicas para una cosmovision reformacional] (Grand Rapids: Eerdmans, 2008) Kindle edition. . Este libro fue escrito como una introducción a la filosofía de D. H. T. Vollenhoven y H. Dooyeweerd para un curso de Filosofía Cristiana en *Toronto Institute of Christian Studies* (p. 131

mostrar algunos ejemplos de cómo usar los "lentes" bíblicos para ver el mundo.

1. El concepto cristiano de la verdad

Una cosmovisión cristiana presupone un concepto cristiano de la verdad:

a) La verdad no es relativa, sino absoluta. No es diferente para cada persona. No cambia de un día a otro. Sigue siendo la verdad, aunque yo no la entienda o no la crea.

b) No es subjetiva, sino objetiva. No depende de mi mente, sino de la mente de Dios. No está dentro de mí, sino dentro de Dios.

c) No es independiente de Dios, sino que proviene de la mente de Dios.

d) La verdad no viene en pedazos desconectados, independientes, "sueltos". Todo está conectado e interdependiente como un paquete.

e) No puedo conocer la verdad sin la ayuda de Dios. No es algo que el hombre alcance por sí mismo. Si Dios no me revela la verdad, no la voy a conocer.

f) No es inclusiva, sino exclusiva. No es dialéctica, sino antitética. Lo que no está de acuerdo con la mente de Dios, está equivocado. No es una "sopa" en que muchos ingredientes mejoran el sabor. La verdad es un sistema unido en la mente de Dios. Algunos ingredientes echan a perder el sabor, porque no son la verdad.

g) No evoluciona, sino que es eterna. Lo más nuevo no es necesariamente lo más correcto.

h) La verdad se encuentra revelada en la Biblia y en la creación. Las dos fuentes no se contradicen.

i) Por lo tanto, para pensar correctamente, hay que "pensar los pensamientos después de Dios" (Cornelius Van

Til),[16] y para pensar los pensamientos de Dios, hay que pensar de acuerdo con la Biblia.

2. El uso de la Biblia en una cosmovisión cristiana

La Biblia nos da las presuposiciones, las pautas, para estudiar todo. Nos ajusta los lentes para ver al mundo con más exactitud. Es posible que en esta tarea no encontremos siempre textos bíblicos que traten directamente nuestro tema de estudio, pero los principios bíblicos sirven como fundamento.

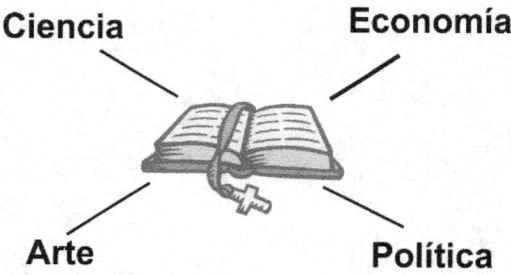

Ciencia **Economía**

Arte **Política**

3. La relación entre cosmovisión cristiana y otras áreas de estudio

Frecuentemente se enseñan cursos sobre una cosmovisión cristiana en seminarios y en otras instituciones cristianas. Pero a veces es difícil saber dónde ubicarlos. Para un programa de artes liberales, sirve como una introducción a todas las demás asignaturas. En un seminario típico, no es

---

[16] Cornelius Van Til, *Nature and Scripture* [La naturaleza y la Escritura], p. 278, también en *Common Grace*, p. 28, citado por Greg Bahnsen en *Van Til's Apologetic* [La apologética de Van Til] (Phillipsburg, New Jersey: P&R, 1998), p. 225. Vea también *The Defense of the Faith* [La defensa de la fe] (Phillipsburg, New Jersey, Presbyterian and Reformed, 1979), pp. 47, 48. En otro lugar dice que "...nuestras nociones o nuestros conceptos son réplicas finitas de las nociones de Dios". (*Introduction to Systematic Theology*, citado en *Jerusalem and Athens*, Presbyterian and Reformed, 1971), p. 325.

tan fácil. Los departamentos se traslapan, pero cada uno tiene su énfasis especial.

a) La teología sistemática estudia la Biblia para sistematizar temas de Dios, el hombre, y la salvación.
b) La teología bíblica estudia temas bíblicos en el orden de la historia de la revelación y en el contexto del plan de redención.
c) La teología histórica estudia la historia del desarrollo de las doctrinas.
d) La apologética estudia la defensa de la fe, frente al pensamiento no cristiano.
e) La cosmovisión cristiana utiliza pautas bíblicas para estudiar temas relacionados con la cultura, las ciencias, las humanidades y las bellas artes.

La teología sistemática y la teología bíblica se concentran más en la Biblia misma, mientras la teología histórica enfoca la historia, la apologética dialoga con el pensamiento no cristiano, y la cosmovisión cristiana estudia temas en el mundo fuera de la Biblia. A veces la cosmovisión está en el mismo grupo con la apologética, y es verdad que involucra la relación entre el enfoque cristiano y los enfoques no-cristianos, pero en realidad es un tema único.

La Biblia no siempre da respuestas detalladas con respecto a algunos temas de la cosmovisión cristiana. Examinamos cosas complejas que incluyen innumerables detalles, haciendo que algunas cosas parecen un poco nebulosas a veces. La Biblia todavía nos sirve como lentes, pero algunas cosas parecen estar más lejos y no siempre es fácil ver todo bien enfocado.

Por ejemplo, aunque la Biblia no explica específicamente cuál es la mejor manera de manejar la economía o el gobierno de un país específico, nos enseña algunos principios acerca de las posesiones materiales, acerca de la mayordomía, y acerca de la tarea y la autoridad del Estado. La Biblia nos da pautas, pero tenemos que aplicar los principios de nuestro contexto particular. Esto implica que hay más "áreas grises" en la cosmovisión cristiana que, en la teología sistemática, y que deberíamos ser más tolerantes con nuestros hermanos cristianos que posiblemente no estén totalmente de acuerdo con nosotros en algunas áreas.

4. Cómo hacerlo

Los prerrequisitos:

Para desarrollar una cosmovisión cristiana, en primer lugar, tenemos que conocer la Biblia. Las Escrituras son la fuente principal de nuestras convicciones. Además, debemos conocer el mundo en que vivimos. El proceso de desarrollar una cosmovisión está relacionado con todo lo que nos rodea: la naturaleza, el gobierno, el arte, y la sociedad. En tercer lugar, debemos conocer el pensamiento cristiano y secular acerca del tema. Entramos en un diálogo con los demás.

Los pasos:

a. *Hacerse preguntas*

Antes de realizar nuestro estudio, empezamos con alguna inquietud. Sin preguntas, no encontraremos respuestas. Por ejemplo, podríamos preguntarnos: ¿Es el aborto permisible en alguna circunstancia?" o posiblemente, "¿Cómo deberíamos responder al movimiento LGBT?"

b. *Examinar la enseñanza bíblica*

Después de plantear alguna pregunta, investigamos la enseñanza bíblica relacionada con el tema. Posiblemente no encontremos enseñanzas explícitas o directamente relacionadas, pero sí encontraremos principios generales.

c. *Investigar otros recursos*

Es importante informarse de las opiniones de otros, tanto cristianos como no creyentes. Podría ser posible también hacer su propia investigación, haciendo encuestas o experimentos, por ejemplo.

d. *Examinar la Biblia de nuevo*

Después de investigar los postulados de otros, conviene volver a estudiar la Biblia de nuevo. Seguramente los escritos examinados han hecho reflexionar de otra manera sobre el tema, y conviene revisar las Escrituras de nuevo.

e. *Reflexionar y meditar*

Ahora el proceso requiere reflexión y meditación. Que el Señor guíe nuestros pensamientos. Esto no es un ejercicio meramente intelectual; es un ejercicio espiritual. Debemos consagrar nuestros pensamientos al Señor y pedir Su sabiduría.

f. *Sacar conclusiones*

Finalmente, tenemos que llegar a algunas conclusiones. Posiblemente vayamos a modificarlas con el pasar de los años, pero lo único que podemos hacer es tratar de vivir en este mundo de acuerdo con nuestras convicciones cristianas.

Este es un proceso continuo de análisis, de forma espiral. La reflexión gira en torno al mundo y la Biblia. Cuanto más conocemos la Biblia, mejor comprendemos al mundo, y cuanto más conocemos al mundo, mejor comprendemos la Biblia. Cada vez nos acercamos más a una comprensión más clara. Es una aventura en que estamos siempre descubriendo algún aspecto nuevo de la verdad.

Nuestro testimonio

Hay una película llamada "A Beautiful Mind" [Una mente bella], que proporciona una excelente ilustración de la situación del no creyente. Está basada en la historia verídica de John Nash, un genio matemático que recibió el premio Nobel por una teoría nueva. Este genio sufría de una enfermedad mental, en que imaginaba a personas que no existían. (En la vida real, solamente escuchaba voces.) Deseando tanto hacer algo importante, imaginaba que ayudaba al gobierno de los Estados Unidos a descifrar códigos de los rusos, y a encontrar mensajes de actividades de espionaje. Entre las personas que imaginaba, había una niña de aproximadamente diez años. Un día, Nash descubrió una inconsecuencia importante en su mundo imaginario: habían pasado muchos años, ¡pero la niña seguía siendo una niña de diez años! Así pudo darse cuenta de que ella no era real. Esto fue el comienzo de un proceso de mejoramiento. Así es el no creyente. No es que sea un enfermo mentalmente, pero está tratando de vivir una vida que no coincide con lo que Dios ha puesto en su mente, en su corazón, y en el mundo alrededor.

La esposa de John Nash es un ejemplo para nosotros, porque tuvo un papel clave en su proceso de sanidad. Ella lo amaba y le ayudaba, a pesar de sus dificultades. Estaba siempre a su lado, viviendo una vida "normal", y no lo abandonaba. Ese es nuestro papel entre los no creyentes. Debemos amarlos y quedarnos a su lado, a pesar de su inconsecuencia, viviendo la verdad que afirmamos. Así ellos podrán ver nuestra coherencia de vida y pensamiento, en contraste con su propia confusión e inseguridad. La integridad intelectual y la armonía entre nuestro pensamiento y nuestra vida son aspectos fundamentales de nuestro testimonio.

Preguntas de repaso

1. ¿En qué sentido padecemos los evangélicos de "esquizofrenia intelectual"?, según el autor.

2. ¿En qué sentido muchos comentarios acerca de temas actuales reflejan un "consecuencialismo"?

3. Mencione tres causas parciales de la inconsecuencia intelectual.

4. ¿Quién tiene la mayor culpa en permitir una dicotomía en el pensamiento cristiano?

5. ¿Qué quiere decir Blamires cuando dice que no hay una "mente cristiana"?

6. Mencione los primeros dos pasajes bíblicos citados en el texto que nos desafían a desarrollar una cosmovisión cristiana.

7. ¿Qué es el "mandato cultural"?

8. ¿Qué incluye nuestra salvación?, según Efesios 1:7-10 y Colosenses 1:19-20.

9. ¿Cuál fue posiblemente la primera actividad "científica" del hombre?

10. ¿Qué es una "cosmovisión cristiana"?

11. ¿Cómo se usa la Biblia en el desarrollo de la cosmovisión cristiana?

12. ¿Cuál es la relación entre la cosmovisión cristiana y otras ramas de la teología?

13. ¿Cuáles son los pasos para desarrollar una perspectiva cristiana de algún tema?

14. ¿En qué sentido la esposa de John Nash es un ejemplo para nosotros?

Preguntas de reflexión

1. ¿Está de acuerdo con el autor en que los evangélicos sufrimos de "esquizofrenia intelectual"? Mencione ejemplos.

31

2. ¿Cómo ha observado dificultades entre los evangélicos en pensar con integridad intelectual? ¿En qué áreas ve mayores problemas?

3. ¿Cuáles son algunas maneras típicas en que las personas toman decisiones hoy en día acerca de asuntos actuales? Mencione ejemplos.

4. ¿Puede pensar en otras causas de la falta de integridad intelectual entre los evangélicos?

5. Y usted personalmente, ¿en qué áreas de estudio tiene más problemas en armonizarlas con su fe cristiana?

6. Mencione algún pensador cristiano que usted considera importante y explique el impacto que ha tenido.

2. La guerra por la verdad[17]

La mayoría de nosotros hemos vivido nuestras vidas bajo una nube persistente de ansiedad, debido a la amenaza de una posible guerra nuclear que podría destruir gran parte del mundo. Os Guinness dice que el siglo veinte fue "el siglo más violento del mundo" y llama la atención al hecho de que en ese período 100 millones fueron muertos en guerras, 100 millones por represión política, y otros 100 millones en "violencia étnica y sectaria".[18] Obviamente, estas cifras me preocupan inmensamente.

No obstante, me preocupa aún más otra guerra que es menos visible, pero más peligrosa. Es la guerra de las ideas. Es la guerra entre la verdad y la mentira. Incluso, en algunos casos es la guerra por la posibilidad de que exista la verdad. El Nuevo Testamento aclara que nuestra lucha verdadera no es contra sangre y carne, sino contra principados, potestades, gobernadores de las tinieblas y huestes espirituales (Efesios 6:12). En el mismo pasaje, Pablo nos exhorta a vestirnos con la armadura para esta guerra, y la primera pieza que menciona es la verdad (Efesios 6:13-15).

Kenneth Myers destaca el cambio que se ha producido con el rol dominante de la televisión durante las últimas generaciones. Podríamos incluir las películas, los teléfonos celulares y las tabletas. El cambio es que la comunicación se ha vuelto más visual y menos verbal. Las imágenes comunican "de forma inmediata e intuitiva", mientras que las palabras comunican en "forma lineal y lógica". El problema es que algunas cosas no se pueden comunicar solo con

---

[17] Este capítulo es una revisión de un discurso presentado al *Segundo Congreso para Profesores Evangélicos de Chile*, en Valparaíso, el 19 de Julio, 2002.
[18] Os Guinness, *The Case for Civility* (New York: HarperCollins, 2008), p. 2.

imágenes. Además, las comunicaciones con palabras se pueden juzgar más fácilmente como verdaderas o falsas.[19] Esto también significa que, aunque las personas a menudo confían más en lo que ven en las imágenes que en lo que leen, las imágenes pueden engañarnos más fácilmente.

El Internet y los medios sociales también facilitan la promoción de ideas falsas e información distorsionada. La verdad se convierte en lo que las multitudes parecen aceptar como válido o simplemente en lo que yo deseo creer. Los motores de búsqueda de Internet pueden llevar a una persona a estar cada vez más encerrada en una determinada perspectiva de algo, aunque sea equivocada, sin que se dé cuenta.

Las personas pueden confundirse fácilmente, incluso perder la esperanza de estar seguras de algo. Antes de hablar sobre lo que creemos, debemos comenzar con preguntas aún más básicas: ¿Podemos estar seguros de conocer la verdad? ¿Si es así, cómo? Esto se llama la "epistemología". Analizaremos brevemente el trasfondo del pensamiento filosófico contemporáneo, mirando especialmente el concepto de la verdad. Después, identificaremos las inconsistencias en los puntos de vista no cristianos acerca de la verdad y defenderemos el punto de vista cristiano. Tenemos que saber defender nuestra fe (1 Pedro 3:15).

Los dos Francis Bacon

Durante lo que ha sido llamada la edad "moderna" (desde el siglo XVI) el hombre ponía su fe en la razón y en la ciencia. Por ejemplo, el filósofo Francis Bacon (1561-1626) era empirista, seguro que el mundo era ordenado y que

---

[19] Kenneth A. Myers, *All God's Children and Blue Suede Shoes* [Los hijos de Dios y los zapatos azules de gamuza]. (Wheaton, IL: Crossway, 1989), pp. 162-163.

podía descubrir la verdad a través del método científico. No obstante, en nuestra época muchos han perdido la confianza y el interés en este método.[20] Paul Johnson, en *Tiempos modernos*, plantea que la actitud clave del siglo veinte era la inseguridad. Debido a la teoría de la relatividad de Einstein, la declaración de la "muerte" de Dios de parte de Nietzsche, y una inestabilidad política internacional, muchos vivían "en un mundo sin guía y a la deriva en un universo relativista".[21]

Hay un cuadro pintado en el año 1949 por otro Francis Bacon que curiosamente lleva el mismo nombre del filósofo de cuatro siglos antes, llamado "Cabeza VI"[22], que expresa el terror de la inseguridad del hombre actual. Muestra a una autoridad religiosa sentada, aparentemente encerrada dentro de un cubo de vidrio, como si estuviera en una exposición; su cabeza está desapareciendo, y no se ve nada desde la nariz hacia arriba, sino solamente manchas negras y las cavidades de los ojos. La única parte de su cabeza que se ve claramente es su boca, abierta en un grito escalofriante. Creo que este cuadro refleja la reacción actual a la filosofía anterior. En lugar de confiar en las capacidades humanas, el pintor piensa que el hombre es un "accidente", un "ser completamente fútil."[23]

¿Qué pasó entre el primer Francis Bacon y el segundo? El modernismo fue reemplazado por el postmodernismo. La fe en la razón y en la ciencia fue reemplazada por la incertidumbre. Se dieron cuenta de que, si tenían razón los filósofos modernos, entonces el hombre perdía su dignidad y

---

[20] Ver por ejemplo, Antonio Cruz, *Postmodernidad* (Barcelona: CLIE, 1996) y *Sociología; una desmitificación* (Barcelona: CLIE/FLET, 2002).

[21] Paul Johnson, *Tiempos modernos* (Buenos Aires: Javier Vergara, 1988), p. 59.

[22] H.R. Rookmaaker, *Arte moderno y la muerte de una cultura* (Barcelona: CLIE, 2003), p. 217. La pintura está en Hayward Gallery, Londres. Se puede ver la imagen en <en.wikipedia.org/wiki/Head_VI> 23 dic., 2021.

[23] Rookmaaker, p. 218.

su significado. Si todo es resultado de un proceso impersonal, como habían planteado los filósofos, para ser consecuentes, debían aceptar que los mismos pensamientos también son parte de ese proceso impersonal, y por lo tanto, no tienen significado verdadero. Por ejemplo, si el mundo es como un gran reloj, moviéndose en forma mecánica, mis propios pensamientos son nada más que otro "tic tac, tic tac" del reloj. El resultado es que no puedo defender mi propia filosofía. El mismo postulado de que el universo es como un gran reloj se destruye solo. No es de sorprenderse que algunos se identifiquen con el hombre encerrado en el cuadro de Bacon.

La línea de la inseguridad

Francis Schaeffer habla de una "línea de desesperación" en el pensamiento moderno en su libro *The God Who is There*. Señala a pensadores y artistas clave que cruzan este umbral y dejan de intentar darle sentido a las cosas.[24] Me gustaría ir más allá de este momento, tanto en la filosofía moderna como en la filosofía griega, para ver el patrón histórico más amplio. Creo que existe una tendencia general de los filósofos a luchar con la incertidumbre.

Se puede observar lo que llamo una "línea de la inseguridad" en la filosofía occidental. Básicamente es una vacilación entre la seguridad y la inseguridad.[25]

---

[24] Francis Schaeffer, *The God Who is There* [El Dios que está allí] (Downers Grove, Illinois: InterVarsity Press, 1968), p.21.
[25] Para un estudio más completo de la filosofía y de la "línea de la inseguridad", vea el libro del mismo autor, *Certeza de la fe* (Barcelona: CLIE, 2006).

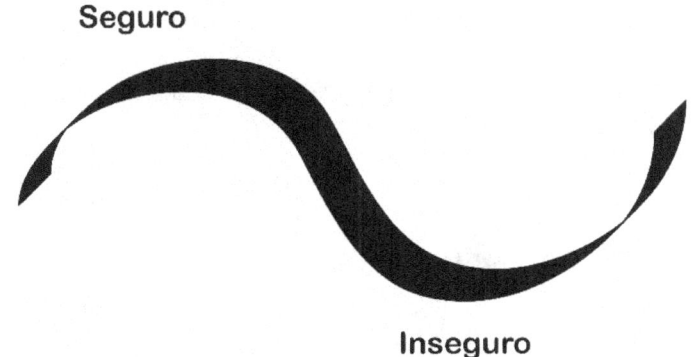

Pero la situación es un poco más compleja que lo que muestra el gráfico arriba. Pasaron por cinco etapas: 1) empezaron con la seguridad de poder conocer la verdad, 2) después dudaron y 3) perdieron totalmente la seguridad, llegando a la desesperación, 4) lucharon para salir del hoyo de la desesperación, y 5) finalmente terminaron hablando de la ética, pero siendo escépticos acerca de la posibilidad de obtener conocimiento seguro. Creo que muchas personas siguen una línea similar en su peregrinación espiritual personal.

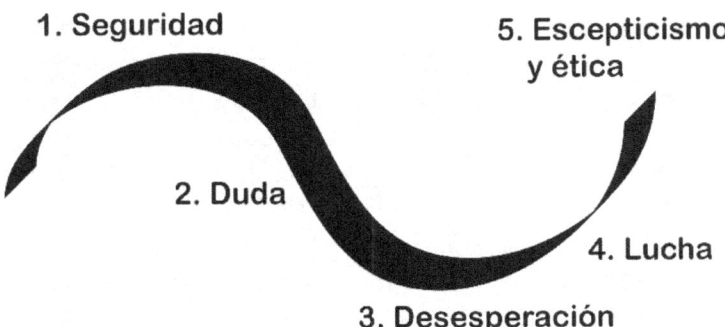

Cuando Schaeffer habla de una "línea de desesperación", se refiere a lo que sería el punto específico en esta "línea de la inseguridad" cuando cruzan de la etapa 2 a la etapa 3.

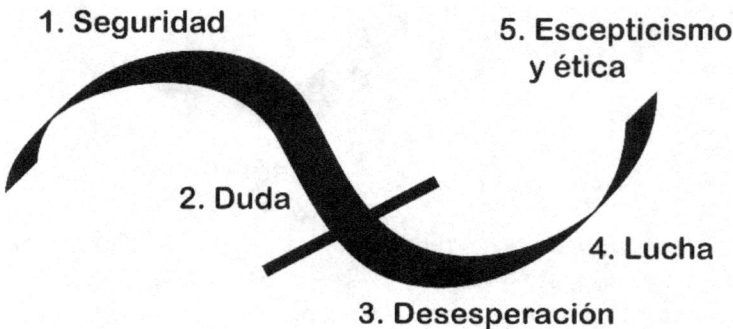

1. Seguridad

5. Escepticismo y ética

2. Duda

4. Lucha

3. Desesperación

Empecemos con los griegos. El filósofo Tales pensaba que podía descubrir la realidad básica detrás de todo; pensaba que esta era el agua (etapa 1). Pero Heráclito destaca el hecho de que todo cambia, que "nunca te bañas dos veces en el mismo río" (etapa 2). Gorgias concluye que, si todo cambia, no puedes estar seguro de nada, ni comunicar nada. En el momento que crees saber algo, ese algo ya ha cambiado. Cratilo, más consecuente con esto, simplemente dejó de hablar (etapa 3). En este bajón epistemológico aparecen Platón y Aristóteles, tratando de rescatar la posibilidad del conocimiento, o a través de una experiencia mística (Platón, según la "alegoría de la cueva"), o a través de la lógica (Aristóteles) (etapa 4). No pueden soportar la desesperación y la inseguridad. Pero como explica John Frame, ni Platón ni Aristóteles pueden explicar cosas fundamentales como el cambio, el movimiento y la ética. Para Platón, el mundo cambiante es "irracional", y el "primer motor" de Aristóteles es "abstracto y carente de

38

contenido".[26] El próximo ciclo en la filosofía griega es dominado por los escépticos, los estoicos y los epicúreos. Ellos aceptan la inconsecuencia y la falta de seguridad, pero de todas maneras quieren hablar de la ética (etapa 5).

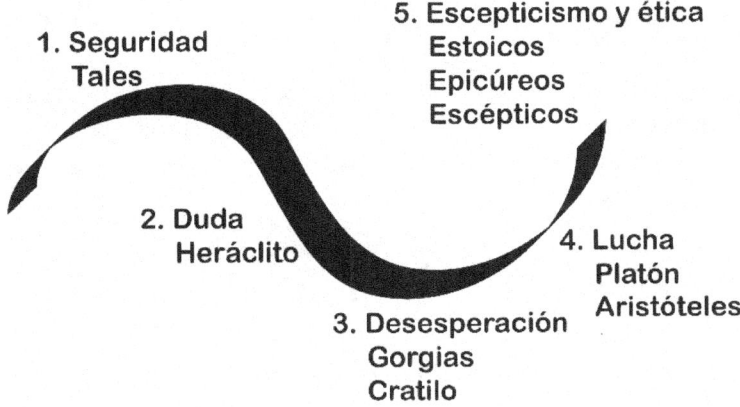

Sucede algo parecido en la filosofía moderna. La teología cristiana se había destacado en la Edad Media, pero después el pensamiento se volvió secular. La revelación en las Escrituras ya no se consideraba la fuente principal de la verdad, y el hombre reemplazó a Dios como el centro de atención. En la primera etapa de la edad moderna, los científicos como Francis Bacon (1561-1626), los racionalistas como Descartes (1596-1650) y los empiristas como Locke (1632-1704) confiaban en su conocimiento de la verdad. Descartes empezaba en su propia mente; dijo "Pienso, luego existo". En cambio, Bacon y Locke pensaban que el conocimiento venía a través de la observación. Otros como Hume (1711-1776) eran escépticos (etapa 2).

---

[26] John Frame, *A History of Western Philosophy and Theology* [Una historia de la filosofía y la teología occidental] (Phillipsburg, NJ: P&R Publishing, 2015), pp. 69, 77.

Un escritor que representa la desesperación (etapa 3) es el Marqués de Sade (1740-1814), conocido por su libertinaje moral y por recibir placer de la crueldad sexual, de donde se deriva el nombre "sadismo". El Marqués de Sade era cínico, entregado a sus vicios, sin preocuparse por las consecuencias.

Creado por la naturaleza con inclinaciones ardorosas, con pasiones fortísimas, únicamente colocado en este mundo para entregarme a ellas y para satisfacerlas.

...Renuncia a la idea del otro mundo, no lo hay, pero no renuncies al placer de ser feliz y de hacer la felicidad en éste.[27]

Nietzsche (1844-1900) también representa el punto más bajo de la etapa de la desesperación. Sin embargo, no está exactamente en el mismo lugar *cronológico* que Sade, porque viene después de Kant y Hegel. Nietzsche habla de la "muerte" de Dios, y nos hace pensar que la vida no tiene sentido, que no hay base objetiva para la moralidad. Sugiere que la ética cristiana nos anima a ser débiles. Propone que seamos como el "superhombre" que se libera de la ética del débil y crea sus propias normas. Es autosuficiente y tiene una voluntad fuerte. No sólo soporta el sufrimiento, sino puede hacer sufrir a otros sin sentirse mal. Este enfoque influyó en el desarrollo de los tiranos como Hitler, Mussolini, y Stalin. Tanto en el Marqués de Sade como en Nietzsche, podemos mirar el pozo oscuro de la crueldad que es producto de la desesperación.

---

[27] Marqués de Sade, *Diálogo entre un sacerdote y un moribundo* <http://www.ciudadseva.com/textos/cuentos/fran/sade/dialogo.htm> (18 de mayo, 2010).

Kant (1724-1804) y Hegel (1770-1831) trataron de evitar el bajón de la desesperación, para rescatar la posibilidad del conocimiento (etapa 4). (Aun así, Nietzsche se atrevió a volver a mirar el abismo oscuro.) Kant planteó que nuestro conocimiento es producto de una combinación de dos cosas: la materia cruda que viene desde afuera de nuestra mente, y nuestro filtro mental que procesa toda percepción. Pero se dio cuenta de que esto no deja espacio para la libertad y no puede explicar cosas como la moralidad. Así que hizo una distinción entre un ámbito en que funciona la "razón pura" y un ámbito en que funciona la "razón práctica". El problema es que esta segunda área es confusa e incognoscible.[28]

Hegel propuso la dialéctica de las ideas. Según él, el conocimiento humano es la evolución de los pensamientos del gran Espíritu en la mente de los hombres. En lugar de considerar dos posiciones aparentemente contradictorias (una tesis y su antítesis) como opciones mutuamente excluyentes, deberíamos considerarlas como aspectos diferentes de una verdad más amplia y esperar que se fusionen en una síntesis. El problema con este punto de vista es que nos deja sin verdad absoluta e inmutable y nos deja inseguros de saber algo con certeza.[29]

Los existencialistas como Jean Paul Sartre y Albert Camus, que vienen después de Nietzsche, lucharon para evitar las consecuencias del nihilismo. Camus dijo, "En las profundidades más oscuras de nuestro nihilismo, he buscado solamente la manera de salir del nihilismo".[30] Aunque la vida

---

[28] Immanuel Kant, *Crítica de la razón pura* (Buenos Aires: Losada, 1979), tomo 2, p. 9 (Libro II, capítulo 3). John Frame, *A History of Western Philosophy and Theology*, 264-270.

[29] John Frame, *A History of Western Philosophy and Theology*, 270-277.

[30] Albert Camus, *L'Été*, citado en Sire, *The Universe Next Door* [El universe de al lado] (Downers Grove, IL: IVP), p. 95.

parece absurda, el hombre puede determinar su propio significado.

Los teólogos liberales han perdido la noción de la verdad absoluta, y no creen en la autoridad infalible de las Escrituras, pero todavía defienden sus principios éticos (etapa 5). Para muchos de ellos, Jesús es simplemente un buen ejemplo de moralidad.

La teología de la liberación (una escuela particular de la teología liberal), abogando por la justicia hacia los pobres, pero cuestionando la posibilidad del conocimiento seguro, es otro ejemplo de esta inseguridad acompañada por un énfasis en la ética. José Míguez Bonino es un representante protestante de la teología de la liberación. Él acepta un concepto de la comunicación que elimina toda certeza. Para él, el significado de alguna comunicación involucra todo su contexto: el tono de voz, la expresión en la cara, los gestos, el trasfondo de cada uno, en fin, una infinidad de factores que rodean y que afectan a las dos personas que están tratando de comunicarse entre sí. Ya que es imposible comunicar una infinidad de factores, también es imposible estar seguro de la validez de la comunicación.[31] Nadie puede estar seguro de que haya comunicado algo correctamente o que haya entendido algo correctamente. ¡Esto nos recuerda a Gorgias y a Cratilo! Para Bonino, este problema afecta también la comunicación entre Dios y el hombre; es imposible tener la seguridad de haber entendido a Dios. Bonino animaba a los cristianos a comprometerse con el movimiento marxista revolucionario para ayudar a los pobres y oprimidos, pero admitía que este compromiso era una "alianza inquietante", y que la teología de la liberación podría estar equivocada.

---

[31] José Míguez Bonino, *La fe en busca de eficacia* (Salamanca: Ediciones Sígueme, 1977) pp. 118, 119.

Es una simple respuesta inicial y ambigua a una percepción tenue de una nueva tarea y una nueva responsabilidad. Está destinada a morir, que Dios permita que su vida y su muerte sean fructíferas.[32]

Finalmente, los postmodernistas también pierden la esperanza de encontrar la verdad absoluta, mientras hablan mucho de la ética. Insisten en valores como la aceptación y la tolerancia. No creen en las normas absolutas tradicionales, pero buscan su propia felicidad. En ese sentido, tienen algo en común con los epicúreos.

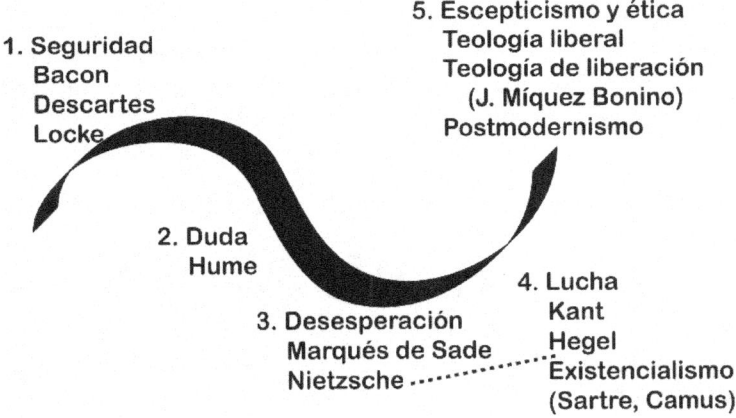

1. Seguridad
Bacon
Descartes
Locke

2. Duda
Hume

3. Desesperación
Marqués de Sade
Nietzsche

4. Lucha
Kant
Hegel
Existencialismo
(Sartre, Camus)

5. Escepticismo y ética
Teología liberal
Teología de liberación
(J. Míquez Bonino)
Postmodernismo

Muchas personas que buscan la verdad sin Cristo también pasan por un ciclo similar de certeza, duda, desesperación y lucha, que frecuentemente termina con una posición inconsistente de escepticismo combinado con un énfasis en la ética. Curiosamente, algunas personas que

---

[32] José Míguez Bonino, "New Trends in Theology" [Nuevas tendencias en la teología], Duke Divinity School Review 42 (otoño, 1997): 141,142.

saben que no tienen ninguna base para su ética la defienden ferozmente.

No todos los no cristianos hoy en día son postmodernistas. Incluso, algunos consideran que el postmodernismo como movimiento se ha debilitado.[33] Muchos todavía creen en la ciencia, algo notado en la popularidad del libro publicado por Stephen Hawking y Leonard Mlodinow, *The Grand Design* [El gran diseño].[34] Otros simplemente son indiferentes. Aun así, la tendencia durante el último siglo ha sido de mucha inseguridad.

Lo único bueno de esta inseguridad actual es que es una excelente oportunidad para hablar del evangelio y de la Palabra de Dios. Jesús es la verdad, el camino y la vida. La Biblia es la revelación de Dios para la humanidad. ¡Tenemos un mensaje de esperanza y seguridad para nuestros amigos no creyentes!

Problemas con los conceptos no cristianos de la verdad

Como mencioné en el prefacio, cuando estaba en la universidad, empecé a dudar de todo lo que me habían enseñado en la iglesia y en mi hogar. Después, el Señor me mostró una noche mirando las estrellas que Él es real, que está allí, y yo entregué mi vida a Él. Pero pronto me encontré con personas que me hacían dudar de la Biblia. Yo fui al seminario, no porque sentí un llamado a ser pastor o misionero, sino porque buscaba respuestas. Sabía que, si no podía estar seguro de la Biblia, ¡no podía estar seguro de nada! Tenía el deseo que creer en ella, pero no podía justificarlo en mi mente.

---

[33] Vea el prefacio, la referencia a Donald A. Carson, *Cristo y Cultura*.
[34] New York: Bantam, 2010.

Tuve la bendición de estudiar con Cornelius Van Til, un apologista de renombre. Fue su exposición de la historia de Adán y Eva en el huerto de Edén la que habló, no a mi cabeza, sino a mi corazón. Decía que, cuando Dios les dijo que iban a morir si comían del árbol de la ciencia del bien y del mal, ellos no debían dudar de Su palabra. Dios era su creador, y ellos eran simples criaturas. Su error, y el comienzo de la Caída, era el hecho de cuestionar a Dios. "¡Imagínese!", decía Van Til en nuestras clases, "Adán y Eva pensaron: Me pregunto..., me pregunto..., ¿quién tendrá la razón, Dios o la serpiente?" Su pecado, decía, fue pretender ser independiente de Dios y juzgar Su Palabra como si ellos fueran superiores a Él. ¡Pero qué insolencia!

Cuando leí esto, y cuando lo escuché en las clases, me di cuenta de que yo tenía la misma actitud acerca de las Escrituras. Estaba poniéndome por encima de la Palabra de Dios, preguntándome si tenía razón. Pedí perdón al Señor, y dejé de cuestionar la Biblia. Ya sabía que Él era la fuente de toda verdad. Pensé: Si Dios dice que la luna es de queso verde, ¡yo cambiaré mi concepto de la luna, del queso, y del color verde! Si Él lo dice, ¡es verdad! Yo sé que Dios no dice cosas que contradicen nuestros sentidos y nuestra razón de esa manera, pero esto expresaba mi nueva actitud de sumisión.

Este es el punto que quisiera destacar: No es que Dios simplemente sea tan inteligente que Él sepa la verdad. ¡Dios inventa la verdad! Cuando Dios piensa, ¡es verdad simplemente porque Él lo piensa!

He aquí el problema del hombre que no ha nacido de nuevo: conscientemente o no, todavía pretende ser el centro de su propio universo, y considera que tiene derecho de decidir lo que es la verdad por sí mismo. Tiene dos opciones básicas: a) cree que la verdad está fuera de su mente, objetiva, pero que él decide lo que acepta, b) cree que la verdad está dentro de su propia mente, subjetiva, y que él mismo determina lo que es la verdad.

Si la verdad es objetiva

En el primer caso, el método objetivo, donde la verdad está fuera de su mente, el pensador enfrentará en algún momento el hecho de que no sabe todo. Todas las verdades fuera de su mente están relacionadas entre sí, hay una cantidad infinita de ellas, y cualquier nueva verdad que descubra podría contradecir algo que cree. La conclusión es que tendría que saber todo para estar seguro de algo. Y él sabe que no sabe todo.

Si no reconoce sus limitaciones, podemos preguntarle algo que obviamente no sabrá. Hay una infinidad de cosas que no sabe. Incluso, hay muchas cosas no sabrá acerca de una simple manzana. Por ejemplo, ¿cuántas manzanas estaban en el mismo árbol? ¿Existirán manzanas en la tierra en dos mil años? ¿Hay manzanas en otro lugar del universo? Tendrá que admitir que no sabe todo.

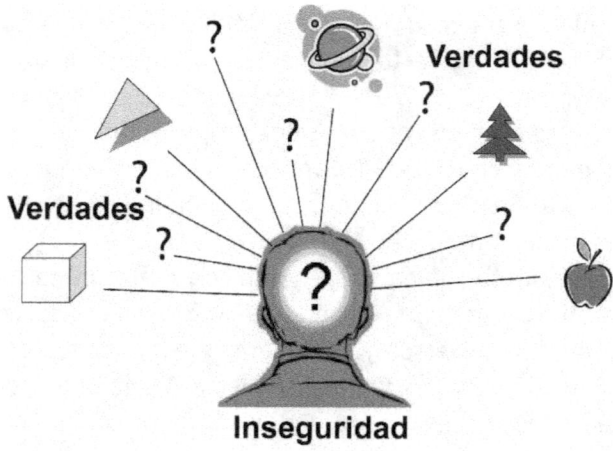

Si la verdad es subjetiva

En el segundo caso, el método subjetivo, en que la verdad realmente viene de su propia mente, es más fácil para la persona defender su posición filosóficamente. Esta persona simplemente insiste que ella determina lo que es la verdad para sí misma. Digamos lo que digamos, ella siempre decide lo que es verdad. El problema en este caso es que no puede *vivir* consecuentemente con su teoría. Existe un mundo real afuera de su mente que no puede controlar. En el fondo de su corazón, sabe que no es la fuente de la verdad.

Al hablar con una persona con este enfoque, podemos pedirle que se imagine que está parada entre los rieles de una línea del tren. Supongamos que escucha el sonido de un tren que viene. ¿Qué haría? ¿Podría simplemente decidir que no venga el tren? Cualquiera sabría que su mente no puede controlar eso, ¡y saltará rápidamente de los rieles! El ser humano sabe instintivamente que la verdad está fuera de su propia mente.

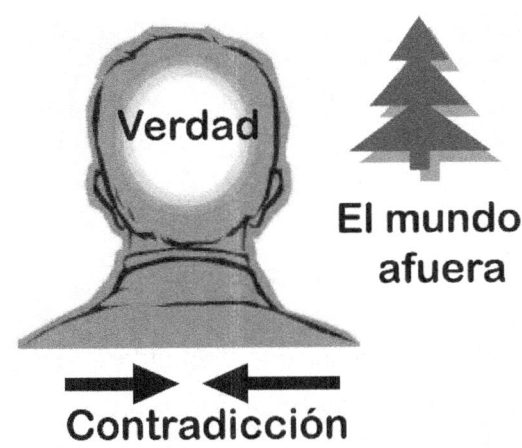

Verdad

El mundo afuera

Contradicción

Si la verdad es imposible

Estos problemas pueden llevar a algunos a negar por completo la posibilidad del conocimiento. Sin embargo, en el momento en que afirman que nada se puede afirmar, se han contradicho. Si no puedo estar seguro de nada, ¿cómo puedo estar seguro de que no puedo estar seguro de nada? De nuevo, volvemos a Cratilo: ¡sería mejor no decir nada!

Cuando estaba estudiando en el seminario, trabajaba como supervisor nocturno en una biblioteca universitaria para pagar mis estudios. Había una alumna que también trabajaba allí, y a veces conversaba conmigo acerca de mi fe. Ella decía que "no se puede saber nada". Cuando le pregunté cómo sabía eso, se enojó y se fue. Volvió en un par de horas, y me exclamó, "¡Yo *pienso* que no se puede saber nada!", se dio vuelta y salió sin esperar ninguna respuesta.

Si cualquier cosa es verdad

Los mismos problemas pueden llevar a otros a afirmar que cualquier cosa es verdad. ¿Alguna vez ha escuchado a alguien decir, "Lo que es verdad para ti es verdad para ti, y lo que es verdad para mí es verdad para mí"? En nuestros días es popular evitar los conflictos y, en nombre de la tolerancia, aceptar todo. Pero si cualquier cosa es verdad, ¡entonces el concepto de la verdad pierde su significado!

Es como el hombre que se presentó a su iglesia para ser examinado para ser pastor. Cuando le preguntaron si creía en la divinidad de Jesús, dijo, "No niego la divinidad de Jesús, ¡No niego la divinidad de nadie!" El problema es que, si todos somos divinos, la divinidad pierde sentido. Jesús ya no sería especial.

Las verdades contienen en sí mismas la negación de otras perspectivas. Por ejemplo, si decimos que solo hay una línea recta entre dos puntos, entonces estamos negando que haya dos líneas rectas entre dos puntos. No podemos creer en ambos. Si decimos que "A" es verdad y que "A" no es verdad, entonces hemos abandonado el ámbito de la comunicación razonable normal y el pensamiento racional normal.

El concepto bíblico de la verdad

1. Dependemos de Dios para conocer la verdad.

El concepto cristiano bíblico de la verdad está centrado en Dios, no en el hombre. Reconoce que Dios es la fuente, el autor, el origen, de toda verdad. Dios, sabiendo TODO, siendo la FUENTE misma de la verdad, decidió en Su misericordia revelarnos algo de la verdad. Por lo tanto, podemos estar seguros de lo que Él nos dice. Somos parte de Su creación, y debemos someternos a Él. Debemos reconocer nuestra absoluta dependencia de Él, aún en nuestros pensamientos. El resultado de esta sumisión es conocimiento seguro. Es la única manera de estar seguro de algo.

MÉTODO CRISTIANO: Dios revela la verdad al hombre. El hombre se somete a Dios y cree Su palabra.

RESULTADO: Conocimiento y seguridad.

Como vimos anteriormente, para José Míguez Bonino, la comunicación es insegura porque hay una infinidad de factores en el contexto que son imposibles de comprender. Pero la solución de este problema está en nuestro Dios soberano y omnisciente que se complace en revelarnos algo de la verdad en forma eficaz. Él puede explicarnos también el significado verdadero de cualquier aspecto de Su creación o de cualquier evento de la historia. Si Dios nos comunica algo, y nos promete guiarnos a la verdad, debemos confiar que podemos saber algo de la verdad, sin saber toda la verdad. Como decía Francis Schaeffer, podemos conocer algo verdaderamente, sin conocerlo exhaustivamente.[35]

Conocer la verdad no es solo un proceso intelectual. Por supuesto, incluye una aceptación intelectual de las proposiciones verbales que Dios nos hace, pero no es solo intelectual porque implica una confianza personal en Dios, así como la voluntad de someterse a Dios. Alguien ha dicho que la verdad es como una mujer virtuosa que se desnuda solo en el contexto de una relación de matrimonio y fidelidad. Si no somos discípulos fieles, no aprenderemos la verdad.

Juan 8:31-32
Si vosotros permaneciereis en mi palabra, seréis verdaderamente mis discípulos; y conoceréis la verdad....

La Biblia dice de sí misma que es "inspirada" (literalmente "exhalada") por Dios (2 Timoteo 3:16), y que es segura, producto de Dios. (2 Pedro 1:19-21)

---

[35] Francis Schaeffer, *The God Who is There* [El Dios que está allí] (Downers Grove, Illinois: InterVarsity Press, 1968), pp. 32-33.

2. Debemos llevar cautivo todo pensamiento a Cristo.

Una de las consecuencias del concepto bíblico de la verdad es que toda la verdad está relacionada con Cristo. Jesús es "el camino, la verdad, y la vida" (Juan 14:6). Cuando Jesús vino a hacerse hombre y caminar en la tierra, nos mostró en forma personal cómo es Dios. Nos explicó la verdad acerca del sentido de la vida, acerca de nuestro origen y nuestro futuro, acerca del Padre y del Espíritu Santo. Ya que el propósito de la historia es la salvación en Cristo, cada evento está relacionado con Él de alguna manera. Parte de nuestra tarea en estudiar la historia y en investigar la creación es buscar a Cristo, y buscar Su gloria, *poniendo todo pensamiento en cautiverio a la obediencia de Cristo.* 2 Corintios 10:5)

3. Dios revela Su verdad en la Biblia y en la creación.

Dios creó la naturaleza con un mensaje impreso en cada detalle. Las estrellas revelan Su gloria, las montañas nos recuerdan de Su grandeza, y el mar nos habla de la profundidad de Su gracia. Como decía Van Til en sus clases, toda la creación tiene las "huellas digitales" de Dios.

Romanos 1:20
Porque desde la creación del mundo, Sus atributos invisibles, Su eterno poder y divinidad, se han visto con toda claridad, siendo entendidos por medio de lo creado, de manera que ellos no tienen excusa.

Tal como una pintura comunica un mensaje del artista, la naturaleza comunica algo de Dios. Pero necesitamos ayuda para interpretar la creación. La Biblia es el manual divino para interpretarla. No hay contradicción entre la creación y la Biblia.

Philip Yancey utiliza una ilustración de G. K. Chesterton, quien habló del hombre actual como un sobreviviente de un naufragio. Yancey imagina que un hombre despierta solo, y se encuentra rodeado de objetos del barco en que navegaba: monedas, una brújula, y ropa. Estos recuerdos le indican algunas cosas del mundo del cual ha venido, pero necesita que alguien le explique lo que ha pasado.[36] Así la creación nos da pistas de Dios y de la vida antes de la Caída, pero necesitamos más explicación. Podríamos agregar que encontrar la Biblia es como encontrar el diario del capitán del barco. La Biblia explica cómo sucedió la tragedia, y también explica cómo salvarnos.

Francis Schaeffer nos ayuda con otra ilustración: Nos invita a imaginar que encontramos en una bodega un libro que ha sido mutilado, dejando solamente dos centímetros de cada página, pero todas las páginas están unidas, pegadas al lomo del libro. Sabríamos que estas porciones no llegaron a estar unidas por casualidad, y podríamos discernir con dificultad algo de su mensaje. Sin embargo, no podríamos entender muy bien el contenido. Esto representa la creación, el universo. Ahora imagine que encontramos partes de hojas sueltas que completan cada página del libro mutilado. Después de pegar estas hojas a las porciones cortadas, tendríamos el libro completo, que ahora tiene más sentido. Las hojas sueltas representan la Biblia.[37] El punto es que no entenderemos el universo hasta que leamos la Biblia, y la Biblia tiene una "hoja" para cada aspecto del universo.

---

[36] Philip Yancey, *Soul Survivor; How My Soul Survived the Church* [Alma sobreviviente; cómo mi alma sobrevivió la iglesia] (New York: Doubleday, 2001), pp. 51-52. Se refiere a una ilustración de G. K. Chesterton en *Orthodoxy* (deaddodopublishing.co.uk, 2018). Edición Kindle, p. 52.

[37] Francis Schaeffer, *The God Who is There* [El Dios que está allí] (Downers Grove, Illinois: InterVarsity Press, 1998), p. 137. Esta es una nueva edición del libro cuya primera edición fue publicada en el año 1968.

4. Cada área de estudio está relacionada con la Biblia.

Esto significa que cada área de estudio, sea ciencia, lenguaje, historia, o el arte, necesita ser evaluada a la luz de la revelación especial encontrada en la Biblia. Debemos ponernos los lentes bíblicos para estudiar cualquier aspecto de la creación. Por ejemplo, cuando estudiamos la lingüística, podemos encontrar en el relato de la Torre de Babel la explicación del origen de la variedad de idiomas. Cuando estudiamos el arte, podemos tomar en cuenta que el hombre es creativo porque Dios lo ha hecho a Su imagen. Cuando estudiamos la ciencia, podemos apuntar a la maravilla y la belleza de la creación de Dios. Cuando estudiamos la historia, podemos apoyarnos en los datos históricos que están en la Biblia, y podemos recordar que Dios gobierna toda la historia soberanamente para cumplir sus propósitos.

Se preguntarán, "¿Pero qué tiene que ver la Biblia con la matemática?" Mi hermano es profesor universitario de matemática. Él me dice que la matemática es un terreno de estudio bastante en armonía con conceptos cristianos de la vida. Lo que sucede es que el cristiano hace la matemática siendo más consecuente con su enfoque de vida. Por ejemplo, si alguien cree que el mundo viene del caos, en forma impersonal, no tiene por qué confiar en que la matemática se aplique al mundo. También me dice que, en los niveles más altos, el estudio de la matemática se vuelve bastante filosófico.

Vern Poythress, doctor en teología y en matemática, escribe acerca de algunas diferencias entre el enfoque cristiano de la matemática y el enfoque no cristiano. Da el ejemplo del valor de "π" (pi). Este es un valor usado para geometría, por ejemplo, para calcular el área de un círculo (A = πr^2). Sin embargo, es un valor que nunca se ha podido calcular con exactitud; los decimales no terminan (3.141592......). Hay un sitio en Internet dedicado a calcular el valor de π, que muestra una larga serie de números que siguen pasando por la pantalla, sin fin. La pregunta es: ¿existe realmente π? Algunos matemáticos dicen que no, porque no se puede saber el valor verdadero. Otros dicen que sí. El cristiano puede reconocer la existencia de algo que ningún hombre puede calcular, porque sabe que Dios sabe el valor.[38] Si la matemática nos lleva a Dios y Su Palabra, entonces ¡cualquier estudio lo hará!

5. La verdad se vive.

Aunque no comparto sus postulados principales, creo que los teólogos de la liberación han llamado la atención a un aspecto importante de la verdad: saber la verdad también significa vivirla. José Míguez Bonino critica la teología occidental por ser tradicionalmente muy abstracta y teórica, despegada de la realidad. Dice que está "fuera del conflicto y la tensión, revoloteando sobre la historia y el mundo",[39] y que es "introvertida".[40] Opina que el concepto tradicional de la verdad ha recibido mucha influencia del idealismo platónico. Este concepto separa la verdad de la acción. Se supone que uno puede saber la verdad por solamente formular correctamente los conceptos en su mente. El hecho de que viva o no de acuerdo con aquellos conceptos no

---

[38] Vern Poythress, "A Biblical View of Mathematics" [Un enfoque bíblico de la matemática] en *Foundations of Christian Scholarship; Essays in the Van Til Perspective* [Los fundamentos de estudios cristianos; ensayos en la perspectiva de Van Til] (Vallecito, California: Ross House Books, 1976), pp. 159-190.
[39] José Míguez Bonino, "Comments on Unity of the Church Unity of Mankind", *Ecumenical Review* (enero, 1972): 48.
[40] José Míguez Bonino, "The Struggle of the Poor and the Church", *Ecumenical Review* 27 (enero, 1975): 38.

afecta su "conocimiento" de la verdad. Lo importante es que el concepto corresponda precisamente a la "realidad".

En esta perspectiva, la verdad pertenece a un "universo de verdad", completo en sí mismo, que puede ser más o menos fielmente reproducido o copiado en proposiciones "correctas", en una teoría (a saber, una contemplación de ese universo) que corresponde a esa verdad. Luego, en un segundo paso, aparece la "aplicación" de esa teoría a una situación histórica particular. La verdad es pues preexistente a su efectividad histórica e independiente de ella. Su validez o legitimidad ha de ser comprobada en relación con ese "cielo abstracto de verdad", totalmente aparte de su historización. Es esta concepción de la verdad la que ha hecho crisis en la teología latinoamericana.[41]

Míguez Bonino insiste que, según la Biblia, conocer la verdad es vivirla. El conocimiento de la verdad no se puede separar de la obediencia. Citando Juan 7:17 ("Si alguno está dispuesto a hacer la voluntad de Dios, sabrá si Mi enseñanza es de Dios..."), sostiene que, si no tenemos el corazón dispuesto a obedecer, Dios no permite que entendamos la verdad, ni siquiera intelectualmente. También arguye que bíblicamente, conocer a Dios significa tener una relación fiel y personal con Él.[42]

Míguez Bonino tiene razón en su advertencia. Quizás inconscientemente, muchos cristianos asimilamos un

---

[41] José Míguez Bonino, *La fe en busca de eficacia*, pp. 113-114.

[42] José Míguez Bonino, *Christians and Marxists: The Mutual Challenge to Revolution* (Grand Rapids: Eerdmans, 1976), p. 40. José Míguez Bonino, *Ama y haz lo que quieras; hacia una ética del hombre nuevo*. (Buenos Aires: La Aurora, 1972), pp. 63-79.

concepto no-bíblico de la verdad. Tendemos a creer que saber la verdad significa simplemente tener una idea en la mente que corresponde a la realidad, como si la verdad fuera una galaxia de proposiciones flotando en el aire. Pero el concepto bíblico del conocimiento no permite concebirlo como algo meramente intelectual y teórico. Jesús dice, "Si ustedes permanecen en Mi palabra, verdaderamente son Mis discípulos; y conocerán la verdad, y la verdad los hará libres". (Juan 8:31-32). El conocimiento de la verdad trae cambios en la vida. Santiago 2:17 dice, "Así también la fe por sí misma, si no tiene obras, está muerta." Creer algo de verdad significa vivir de acuerdo con lo que se cree. "Saber" la verdad implica una relación de fidelidad con Dios.

Satanás puede "conocer" muchas doctrinas bíblicas en su mente, pero odia a Dios y no vive de acuerdo con estas verdades. Por eso, Jesús lo llama el "padre de la mentira" (Juan 8: 44b). Incluso cuando Satanás dice palabras que son citas directas de las Escrituras, no está diciendo la "verdad" porque que las usa para engañar.

No obstante, aquí tenemos que evitar el extremo que afirma que la verdad no incluye nada de proposiciones o de conocimiento intelectual. Aunque la verdad no es solamente intelectual, tiene que incluir un aspecto cognitivo. En Hebreos 11:1, leemos que la fe es "la certeza de lo que se espera, la convicción de lo que no se ve."

Los héroes de la fe en Hebreos 11 actuaron de acuerdo con su convicción de que lo que Dios había dicho era verdad. Pablo menciona algunas proposiciones que debemos aceptar como parte esencial de nuestra fe, los dos hechos de la muerte y resurrección de Cristo.

1 Corintios 15:1-5

Ahora les hago saber, hermanos, el evangelio que les prediqué, el cual también ustedes recibieron, en el cual también están firmes, por el cual también son salvos, si retienen la palabra que les prediqué, a no ser que hayan creído en vano. Porque yo les entregué en primer lugar lo mismo que recibí: que Cristo murió por nuestros pecados, conforme a las Escrituras; que fue sepultado y que resucitó al tercer día, conforme a las Escrituras; que se apareció a Cefas y después a los doce.

Conocer la verdad es un paso de fe, confiando en Dios como la fuente de la verdad. Esto significa que no solo creemos *en* Dios, sino que creemos *a* Dios. Conocer la verdad incluye más que una mera aceptación intelectual de las proposiciones que Dios nos revela, pero ciertamente no excluye ese aspecto. Y esto nos lleva de regreso a las Escrituras como nuestra conexión vital y sobrenatural con la mente de Dios mismo.

6. Por la gracia común, los no creyentes pueden saber la verdad.

Tenemos acceso a la verdad solamente debido a la gracia de Dios. Y Su gracia trae beneficios incluso a los no creyentes. Aunque tienen un sistema de verdad que no reconoce a Dios como la fuente de toda verdad, y aunque sus interpretaciones serán diferentes, esto no significa que no puedan conocer ninguna verdad. La gracia común, o la gracia universal, extiende a todos y les permite conocer muchas cosas. Por ejemplo, Romanos 1:18-20 explica que Dios se ha revelado cosas importantes acerca de Él en la creación. Romanos 2:15 enseña que los gentiles tienen la ley de Dios escrita en sus corazones. No debemos menospreciar la gracia de Dios que opera en ellos. Juan Calvino dice:

> Por lo tanto, cuando al leer los escritores paganos veamos en ellos esta admirable luz de la verdad que resplandece en sus escritos, ello nos debe servir como testimonio de que el entendimiento humano, por más que haya caído y degenerado de su integridad y perfección, sin embargo no deja de estar aún adornado y enriquecido con excelentes dones de Dios. Si reconocemos al Espíritu de Dios por única fuente y manantial de la verdad, no desecharemos ni menospreciaremos la verdad donde quiera que la halláremos; a no ser que queramos hacer una injuria al Espíritu de Dios, porque los dones del Espíritu no pueden ser menospreciados sin que Él mismo sea menospreciado y rebajado.[43]

Preguntas de repaso

1. ¿Cuál es la primera pieza de la armadura mencionada por Pablo en Efesios 6:13-15?
2. ¿Cuál es la diferencia fundamental entre el modernismo y el postmodernismo?
3. Según Paul Johnson, en *Tiempos modernos*, ¿cuál es la actitud clave del siglo veinte?
4. Explique cómo el cuadro de Francis Bacon, "Cabeza VI" expresa la actitud del hombre actual.
5. Explique el significado de la "línea de la inseguridad".
6. ¿Cuáles son las cinco etapas de la línea de la inseguridad de los filósofos griegos?

---

[43] Juan Calvino, *Institución de la religión cristiana* (Rijswijk, Países Bajos: Fundación editorial de literatura reformada, 1967), Libro II, Capítulo 2, Sección 15.

7. Trace la línea de la inseguridad y ponga ejemplos de filósofos griegos.

8. Trace la línea de la inseguridad y coloque los nombres de ejemplos de filósofos modernos.

9. ¿Cuál es el problema epistemológico principal del hombre no creyente?

10. Explique las dos opciones epistemológicas básicas que tiene el no creyente y las consecuencias de cada una.

11. Explique el concepto cristiano de la verdad y haga el dibujo que corresponde.

12. Explique la ilustración de Philip Yancey, citando a G. K. Chesterton acerca de la situación del hombre actual.

13. Explique la ilustración de Francis Schaeffer de las hojas del libro.

14. ¿Qué principio bíblico importante acerca de la verdad podemos aprender de la teología de la liberación?

15. ¿Qué dice Juan Calvino acerca de si Dios permite a los no creyentes a conocer la verdad?

Preguntas de reflexión

1. ¿Cómo describiría el pensamiento actual de su país en general? Explique por qué y mencione ejemplos.

2. ¿Piensa que el postmodernismo tiene mucha influencia en la sociedad que le rodea? Explique su respuesta y mencione ejemplos.

3. ¿Cree que es importante entender el pensamiento de los filósofos importantes de la historia? ¿Por qué?

4. ¿Usted está de acuerdo con el concepto cristiano de la verdad que se planteó en este capítulo? ¿Por qué?

5. ¿Usted ha pasado por las etapas de seguridad, duda, desesperación, lucha, y ética inconsecuente? Explique cómo ha sido.

6. Póngase en el lugar de una persona que cree que no es posible estar segura de la verdad. ¿Cómo le afectaría? ¿Cómo podría ayudar a una persona que se siente así?

7. ¿Cuál de las dos ilustraciones piensa que usted podría usar más fácilmente para explicar la relación entre la Biblia y la creación, la ilustración de Yancey y Chesterton o de Schaeffer? Explique por qué.

3. El cristiano y su relación con la sociedad

"Son pobres, pero enriquecen a muchos. (...)
Para decirlo simplemente, el alma es para el cuerpo
lo que los cristianos son para el mundo."[44]
CARTA ANÓNIMA A DIOGNETO,
POSIBLEMENTE DEL SEGUNDO SIGLO

Cuando estaba en la universidad, los estudiantes protestaban en contra de la guerra y del racismo. Cuando iba a la iglesia los domingos, los temas de conversación parecían completamente alejados del "mundo real". Parecía que no había mucho interés en los problemas actuales. Por un tiempo pensaba que la Iglesia no iba a hacer mucha diferencia en el mundo. Después aprendí que estaba equivocado.

Podemos ver diferentes enfoques a través de la historia acerca de cómo los cristianos debemos relacionarnos con la sociedad y con la cultura. En esta lección buscaremos una posición bíblica. Un libro que nos puede orientar es un clásico que se cita mucho: *Christ and Culture* [*Cristo y cultura*] por H. Richard Niebuhr. Aunque no fue recientemente escrito, todavía sirve como punto de referencia. Donald A. Carson dice: "Aunque el libro *Christ and Culture* de Niebuhr tiene más de cincuenta años, es difícil...ignorarlo. Su obra, para bien y para mal, ha dado forma a gran parte de la discusión."[45]

---

[44] Traducción del autor.
[45] D.A. Carson. *Christ and Culture Revisited*. Eerdmans. Kindle edition, Prefacio y p.10.

Los cinco modelos

Niebuhr plantea cinco tendencias históricas con respecto a la relación entre Cristo y la cultura, o entre el cuerpo de Cristo (la Iglesia) y la cultura. Él define la cultura como "el ámbito artificial secundario que el hombre superpone al ámbito natural". Explica que incluye "lenguajes, hábitos, ideas, creencias, costumbres, organización social, artefactos heredados, procesos técnicos y valores" [46], en fin, todo lo que le da a una sociedad su identidad particular." Podríamos decir que demuestra el "carácter" y la "personalidad" de una sociedad.

Hay dos actitudes básicas hacia la cultura en general: que es buena o que es mala. De estas dos posiciones se derivan cinco modelos:[47]

1. Cristo contra la cultura
2. Cristo en la cultura
3. Cristo sobre la cultura
4. Cristo en tensión con la cultura
5. Cristo transforma la cultura

1. Cristo contra la cultura

Los que adoptan este modelo enfatizan el pecado en la sociedad y plantean que debemos apartarnos del mundo. Un ejemplo antiguo de esta tendencia es el monasticismo.[48] Niebuhr también menciona a Tertuliano (c. 160-220 A.D.), quien animaba a los cristianos a apartarse del servicio militar,

---

[46] H. Richard Niebuhr, *Christ and Culture* (New York: Harper and Row, 1975), p. 32.
[47] En realidad, llama a los modelos 3, 4 y 5 "Cristo sobre la cultura", y luego los divide en "síntesis", "dualista" y "conversionista". Sin embargo, los títulos de los capítulos son los que he enumerado aquí, y encuentro esos términos más útiles.
[48] Niebuhr, p. 56.

de la política, y de las artes, porque era imposible evitar contaminarse con la corrupción presente en estas actividades.[49] Pensando en personas más recientes, León Tolstoi, aun siendo autor, empezó a despreciar las ciencias, la filosofía, y las bellas artes, porque las consideraba inútiles.[50] Ejemplos contemporáneos son los "Amish" que evitan el uso de comodidades modernas, y algunos fundamentalistas y pentecostales que prohíben costumbres "mundanas" como ver películas o escuchar música que no sea cristiana.

2. Cristo en la cultura

Creen que Cristo está operando en la cultura. Minimizan el pecado, y piensan que debemos cooperar con las tendencias culturales. Un ejemplo antiguo es el gnosticismo, que intentó mezclar las filosofías orientales y griegas con el cristianismo en los primeros siglos después de Cristo. En los últimos siglos, la teología modernista ha seguido este modelo, porque combina las creencias seculares actuales con el cristianismo. Para Albrecht Ritschl (1822-1889), la lealtad a Jesús lleva a la participación activa en la cultura.[51] Yo diría que la teología de la liberación es otro ejemplo contemporáneo, porque ha intentado mezclar el marxismo con el cristianismo, creyendo que Dios está operando en el movimiento revolucionario para liberar a los oprimidos.

3. Cristo sobre la cultura

Niebuhr dice que los representantes de este punto de vista supuestamente reconocen "la universalidad y la naturaleza radical del pecado", pero también dice que "las

---

[49] Niebuhr, pp. 52-55.
[50] Niebuhr, pp. 62-63.
[51] Niebuhr, p. 100.

declaraciones expresas son difíciles de conciliar".[52] Su crítica principal es que "de hecho no reconocen al mal radical presente en toda actividad humana".[53] D. A. Carson explica: "Mantienen la brecha entre Cristo y la cultura que el cristiano cultural nunca toma en serio y que el radical ni siquiera intenta romper, sin embargo, insisten en que Cristo es tan soberano sobre la cultura como sobre la iglesia".[54] No se trata de "una o la otra", sino de "ambas cosas". El cristianismo no se opone a la cultura ni se adapta a ella; está combinado con ella.

Tomás de Aquino es un buen ejemplo de esta tendencia. Niebuhr dice: "En su sistema de pensamiento, combinó sin confundir filosofía y teología, estado e iglesia, virtudes cívicas y cristianas, leyes naturales y divinas, Cristo y cultura".

Su uso de la razón en su método teológico ilustra su actitud hacia la cultura. Su perspectiva y su método han influido mucho en el catolicismo romano, aun hasta hoy. "Fe añadida encima de la razón" sería una buena forma de resumirlo. Se apoyó mucho en Aristóteles y combinó la fe y la revelación especial con la lógica, o las "agregó" a la lógica. Para Tomás de Aquino, la razón nos sirve bien para llevarnos a creer en Dios, por ejemplo, pero necesitamos la fe y la revelación especial para entender aspectos como la Trinidad.

4. Cristo en tensión con la cultura

Este modelo plantea que la cultura es básicamente mala, pero que es inevitable participar en ella. Hay que someterse a Cristo, pero también a la cultura, aunque muchas veces están en oposición. El hombre no puede salir de la cultura, pero Dios lo sostiene en medio de ella. Niebuhr

---

[52] Niebuhr, p. 119.
[53] Niebuhr, p. 148.
[54] Carson, D.A. *Christ and Culture Revisited*, p. 21, edición Kindle.

llama a esto la posición "dualista" y dice que esas personas son pensadores "existenciales".[55] Dice, "De ahí que el dualista se una al cristiano radical al declarar que todo el mundo de la cultura humana es impío y está enfermo de muerte. Pero existe esta diferencia entre ellos: el dualista sabe que pertenece a esa cultura y no puede salir de ella..."[56] Martín Lutero es un ejemplo de esta posición. Enseñaba que el hombre vivía con un dilema, porque el reino de Dios y el reino del hombre eran distintos, pero inseparables.[57] Decía que la esperanza de una cultura mejor "no era su mayor preocupación" y que era "imposible vivir sin pecar".[58] Kierkegaard es otro representante de esta posición.

5. Cristo transforma la cultura.

Creen que la cultura es básicamente mala, pero que contiene la gracia de Dios también. No hay que separarse del mundo (como la posición #1), ni tampoco seguir su corriente (como #2), ni simplemente agregar la gracia por encima (#3), o aceptarlo (#4), sino transformarlo. Ejemplo: Juan Calvino. En Ginebra, además de predicar y enseñar, trató de influir en cada aspecto de la sociedad con valores cristianos. Cometieron errores, pero hicieron muchas cosas buenas: recibieron a refugiados, cuidaron a los enfermos y a los ancianos, implementaron leyes de comercio, e instalaron redes de alcantarillado sanitario. Literalmente "limpiaron" la ciudad.[59]

---

[55] Niebuhr, pp. 156, 150.
[56] Niebuhr, p. 156.
[57] Niebuhr, p. 172
[58] Niebuhr, pp. 178-179.
[59] Algunos teólogos reformados como David VanDrunen y Michael Horton defienden un enfoque de "dos reinos" similar a Lutero y argumentan que Calvino representa esa posición. Consulte los siguientes artículos: W. Bradford Littlejohn, "Los Dos Reinos <https://teologiaparavivir.com/wp-content/uploads/2020/11/PREVISTA-DOS-REINOS.pdf>, Michael Jacobs, "The Resurgence of Two Kingdoms Doctrine: A

Problemas con los cuatro primeros modelos

Quizás nadie sea totalmente consecuente con un sólo modelo, y seguramente cada perspectiva tiene algo de verdad. Sin embargo, la tendencia que me parece más bíblica es #5. Primero veremos los problemas que veo con las otras posiciones, y después presentaré apoyo bíblico-teológico para la posición de "transformación".

1. Cristo contra la cultura

Es verdad que vivimos en un mundo caído. Las Escrituras nos enseñan a huir del pecado y a resistir la corriente de este mundo (Romanos 12:1-2). Debemos respetar la fuerza de carácter de aquellos que se niegan a seguir las costumbres del mundo, incluso cuando eso signifique ser ridiculizado a veces. También podemos aprender sobre cómo nutrir nuestra relación con Dios a través de la oración y la meditación de aquellos que se dedican a un estilo de vida más monástico. Podemos apreciar el énfasis de nuestros hermanos pentecostales en la adoración y la evangelización.

Sin embargo, Jesús ora, "no ruego que los quites del mundo, sino que los guardes del mal" (Juan 17:15). Este enfoque no reconoce suficientemente la "gracia común" que Dios ha dado a cada ser humano. Es demasiado negativa. La Biblia enseña que cada persona es la imagen de Dios, y que Dios "hace salir su sol sobre los buenos y los malos" (Mateo

Survey of the Literature,"
<https://www.thegospelcoalition.org/themelios/article/the-resurgence-of-two-kingdoms-doctrine-a-survey-of-the-literature/>, Michael Horton, "A Tale of Two Kingdoms," <https://www.ligonier.org/learn/articles/tale-two-kingdoms>, Keith Mattheson, "A Review of David VanDrunen's Living in God's Two Kingdoms," <https://www.ligonier.org/learn/articles/2k-or-not-2k-question-review-david-vandrunens-living-gods-two-kingdoms>

5:45). Jesús indicó que hay personas que hacen cosas buenas, aunque no sean seguidores de Él. En tales casos, "el que no es contra nosotros, por nosotros es" (Marcos 9:40). Es decir, los no creyentes pueden hacer cosas externamente buenas (debido a la gracia universal que Dios ha dado a todos los hombres), aunque sea por motivos equivocados.

Deberíamos estar agradecidos por todos los científicos que desarrollaron las vacunas y por los médicos, enfermeras y otras personas en la primera línea de batalla durante la pandemia de COVID. Arriesgaban sus vidas para salvar a otros, aunque muchos de ellos no eran cristianos. También creo que deberíamos estar más abiertos a la información de fuentes seculares. Si bien cualquier fuente puede estar equivocada y debe ser examinada cuidadosamente, observé lo que considero una actitud demasiado negativa y una falta excesiva de confianza en las autoridades médicas y en los medios de comunicación que estaban informándonos sobre la pandemia. El versículo que ha significado mucho para mí es 1 Tesalonicenses 5:21: "Examinadlo todo y retened lo bueno."

Finalmente, este enfoque no asume la responsabilidad de cambiar el mundo. Al contrario, separar a los cristianos del mundo solo lo empeora. Jesús nos dice que somos la "sal de la tierra" y la "luz del mundo" (Mateo 5.13-14). Cuando se remueve esta luz, la oscuridad prevalece.

2. Cristo en la cultura

Esta posición tiene el beneficio de reconocer la gracia universal de Dios entre todas las personas. Podemos aprender de ellos a ver más cosas buenas en el mundo (Filipenses 4:8), a tomar más tiempo para comprender las tendencias culturales y para apreciar a los no cristianos y sus contribuciones a la sociedad. En algunas circunstancias, debemos recordar que, si no están contra nosotros, están a nuestro favor (Marcos 9:40).

Pero esta posición tiene el problema de no reconocer suficientemente la influencia del pecado en el mundo. El orgullo, la deshonestidad, el egoísmo y el odio contaminan todo. (Romanos 3:12: "Todos se han desviado, a una se hicieron inútiles; no hay quien haga lo bueno, no hay ni siquiera uno.") Por eso hay tantas advertencias en la Biblia acerca de evitar la influencia pecaminosa del mundo. (Romanos 12:2: "Y no se adapten a este mundo". 1 Juan 2:15: "No amen al mundo ni las cosas que están en el mundo.".) El Señor quiere que Su Pueblo sea diferente a los demás.

3. Cristo sobre la cultura

Esta perspectiva es más compleja. Supuestamente reconoce el pecado en el mundo, pero al mismo tiempo no toma suficientemente en cuenta sus efectos. La Biblia no nos enseña a simplemente agregar el aspecto espiritual a la cultura, sino a "renovar" nuestra mente (Romanos 12:2), y a "poner todo pensamiento en cautiverio" (2 Corintios 10:5).

Para ser justos, debemos reconocer que muchos que tienen este enfoque están tratando de mejorar el mundo. Siempre me ha impresionado la increíble cantidad de trabajo social realizado por la Iglesia Católica Romana, por ejemplo. Toman muy en serio el llamado a servir a los demás como lo hizo Jesús.

Sin embargo, este enfoque tiende a dejar sin redimir aspectos de la cultura, la filosofía y la razón humana. Esto puede ilustrarse con la imagen de la Virgen de Guadalupe; María está parada sobre la luna, símbolo importante en la religión indígena, mostrando que es superior, pero no la está transformando.

4. Cristo en tensión con la cultura

Esta posición tiene cierta razón. Es decir, tenemos que vivir en un mundo caído, nos guste o no, y tampoco podemos totalmente vencer el pecado hasta que Jesús vuelva. Puede ser útil para recordarnos que estamos en la etapa "ya-todavía" no de la historia de redención y que estamos en constante necesidad de la gracia de Dios. Y Lutero no simplemente se rindió en su lucha en contra del pecado.

Sin embargo, esta posición parece pesimista en cuanto a lo que podemos hacer para mejorar el mundo. Parece minimizar lo que el Señor está haciendo en el mundo y puede llevar fácilmente a la pasividad y al desánimo. Las Escrituras nos dan mucha esperanza. (Romanos 12:21: *No seas vencido por el mal, sino vence el mal con el bien.* 1 Juan 5:4: *Porque todo lo que es nacido de Dios vence al mundo.*)

Apoyo bíblico-teológico para la transformación de la sociedad

Tomando en cuenta que este estudio es algo simplificado y teórico, me parece que la única posición que reconoce que el mundo está corrupto, pero que debemos quedar en medio del mundo para transformarlo (no solamente para agregar algo, y no sin mucha esperanza), es la quinta posición. Reconoce que Dios está operando en el mundo para lograr algo bueno, aunque sea entre no creyentes. Es realista acerca de la maldad, pero optimista acerca del poder transformador de Dios. Además de los textos que se citaron arriba, hay algunos conceptos bíblicos fundamentales que apuntan a un deber de transformar la cultura.

1. El mandato cultural

Tal como se explicó en capítulo 1, antes de la Caída, Dios le dio una gran tarea al hombre que ha sido llamado el "mandato cultural." (Génesis 1:28: ...Llenen la tierra y sométanla...) Dios puso a Adán en el huerto para cuidarlo. Le trajo todos los animales para que les diera nombres. Todo esto indica que Dios lo dejó encargado de la tierra para administrarla.

Administrar la creación involucra mucho más que cuidar las plantas y los animales. Para "someterla", el hombre tenía que organizarse y crear las estructuras sociales necesarias. Tenía que mantener orden debido a la multiplicación de la población. Cuando hay miles de millones de habitantes en la tierra, no todos pueden ser agricultores. Algunas personas necesitan manejar la venta de productos. Otros necesitan preparar alimentos para el consumo. Esto lleva a organizar el comercio y la sociedad.

Sin el pecado, el hombre habría desarrollado una sociedad compleja y ordenada, con una cultura sana, y con organizaciones sociales que funcionaran bien. Génesis 1:28 ha sido llamado "el mandato cultural", porque Dios manda al hombre a desarrollar la cultura de acuerdo con Su voluntad.

2. El hombre es la imagen de Dios.

El desarrollo de la cultura no solo es uno de los deberes básicos del hombre, sino que también es una parte innata de su naturaleza, ya que fue creado a imagen de Dios (Génesis 1:27). La imagen de Dios en el hombre incluye su señorío sobre la tierra, y también su creatividad. Por lo tanto, el hombre debería expresar su semejanza a Dios en todas sus actividades, en su trabajo, en su recreación, y en sus relaciones humanas. Cuando el hombre cumple el mandato cultural, se siente bien, porque está manifestando la imagen de Dios en él. Cuando el hombre cuida un jardín, o arregla una máquina, se siente realizado. Cuando se expresa en forma artística, en la pintura, en la música, o en la literatura, le da un sentido de satisfacción.

Este concepto embellece toda actividad cultural. No debemos menospreciar el arte, el trabajo, los estudios, como algo "secular" o "mundano", sino apreciarlos como manifestación de la gracia de Dios. El cristiano puede participar en estas actividades, y también disfrutar de las actividades del no creyente. A pesar de la influencia del pecado, el hombre sigue reflejando algo de la gloria de Dios. Aun después de la Caída, la Biblia dice que todos los hombres son la imagen de Dios, sin hacer distinciones. (Ver Génesis 9:6.)

3. La salvación restaura todas las dimensiones de la vida.

Todas las relaciones fueron rotas como consecuencia del pecado: entre el hombre y Dios, entre el hombre y su prójimo, entre el hombre y la creación, y entre el hombre y su propio ser. La armonía original se perdió y el conflicto empezó a afectar cada dimensión de la vida. El hombre quedó incapacitado para realizar el mandato cultural, y la imagen de Dios en él fue dañada. Esto significa que el desarrollo de la cultura va por un camino pecaminoso, que la humanidad destruye la creación en vez de cuidarla, que la corriente del mundo va alejándose de Dios y Sus propósitos.

Sin embargo, Jesucristo vino a reconciliarnos con Dios, y a "reunir" todas las cosas (Efesios 1:10, Colosenses 1:20). En Cristo, Dios sana todas las consecuencias de la Caída. A veces se enfatiza casi exclusivamente nuestra reconciliación con Dios (la justificación) cuando hablamos de la salvación, pero si dejamos al lado las otras dimensiones, la salvación queda incompleta. Nuestra salvación incluye la restauración de nuestras relaciones con otras personas, con la creación, y con nosotros mismos. Incluye hacer nuestro trabajo mejor, expresar nuestra creatividad artística mejor, estudiar mejor, y amar a nuestra familia más. Los cambios comienzan en nuestro corazón, pero nos llevan a influir para bien en toda la sociedad, trabajando para un mundo más justo, más ordenado, y más unido. La Gran Comisión incluye enseñar a cumplir la voluntad de Dios en todo. (Mateo 28:18-20: *...enseñándoles a guardar todo lo que les he mandado....*)

4. El reino de Dios abarca todo.

Uno podría preguntar, "¿Por qué la Biblia no usa el término *mandato cultural*?" La respuesta es que habla mucho del concepto, sin usar el término. La idea está incluida en el concepto del "reino de Dios", un término usado con mucha frecuencia en la Biblia. Podemos ver la extensión del reino de Dios como el cumplimiento del mandato cultural. El reino llega cuando se cumple la voluntad de Dios, y esto incluye cada aspecto de la vida.

Cuando Jesús se encarnó, vivió una vida justa, murió por los pecados de Su pueblo y resucitó de entre los muertos, Él estableció el reino verdadero. Inició Su ministerio público con el mensaje: "Arrepiéntanse, porque el reino de los cielos se ha acercado" (Mateo 3:2, 4:17, 10:7). Jesús confirma Su autoridad como Mesías con las señales del reino (Mateo 11:1-19, 12:28), y explica las parábolas del reino. Entra a Jerusalén proclamado como rey (Juan 13), y confiesa ante Pilato que Él es el rey (Juan 18:33-37). Resucita con toda autoridad en la tierra y en el cielo (Mateo 28:18). No hay nada que no esté bajo Su autoridad.

En Mateo 13 encontramos dos parábolas del reino que deberían animarnos a permanecer en el mundo para transformarlo: la parábola de la levadura (13:33) y la parábola del trigo y la cizaña (13:24-30 y 13:36-43). La levadura frecuentemente simboliza el mal en la Biblia, pero en este caso simboliza la expansión del reino. Afecta todo el pan, o en este caso, tres medidas de harina, ¡suficientes para hacer pan para 100 personas! Los cristianos estamos llamados a dispersarnos por todo el mundo, mejorando todo. Y la lección que aprendemos de la parábola del trigo y la cizaña es que, durante esta época, no debemos estar totalmente separados de las personas malvadas y los no creyentes. Más bien, permanecemos mezclados con ellos hasta el fin de los tiempos.

Preguntas de repaso
1. Nombre los cinco modelos de la relación entre el cristiano y la sociedad, según Richard Niebuhr, explique cada uno brevemente, y mencione un ejemplo de cada uno.
2. Explique los problemas de los primeros cuatro modelos, según el autor.
3. Nombre y explique los puntos bíblico-teológicos que apoyan la quinta posición, según el autor.

Preguntas de reflexión
1. ¿Qué opina de los argumentos del autor acerca los modelos de la relación entre Cristo y cultura?
2. ¿Cuál de las cinco posiciones explicadas en este capítulo mejor representa su vida hasta ahora? ¿Hay algo que debería cambiar?

4. Cosmovisiones no cristianas

Durante un período de mi juventud, tuve miedo de leer filosofía y literatura no cristiana, por temor a perder mi fe. Recuerdo que una vez traté de leer la novela *Náusea* de Jean Paul Sartre, ¡y en verdad me hizo sentir enfermo! Tuve que dejar de leerla, y esperé varios años antes de tocarla de nuevo. Sin embargo, después de entender más de las otras perspectivas, he visto que las filosofías no cristianas no tienen fundamentos sólidos, y realmente no hay nada que temer. En este capítulo vamos a examinar brevemente otros enfoques, y compararlos con el enfoque cristiano. Estaremos examinando los aspectos fundamentales de sus sistemas de creencias.

"El universo de al lado"

Hay un texto excelente por James Sire que hace un análisis de algunos enfoques de vida comunes, *El universo de al lado*.[60] En este capítulo, haremos un resumen de estas perspectivas, aprovechando especialmente el análisis de Sire, pero también agregaremos otros enfoques de vida que Sire no incluye. Después examinaremos los problemas fundamentales de las posiciones no cristianas y ofreceremos una estrategia apologética para defender nuestra fe.

Sire define un "enfoque de vida" como "un conjunto de presuposiciones (hipótesis...) que sostenemos ... acerca de las características básicas de la".[61] Note que él usa el término en

---

[60] James Sire, *The Universe Next Door; a Basic Worldview Catalogue* (Downers Grove, Illinois: InterVarsity Press, 1997). En español, *El universo de al lado* (Grand Rapids: Libros Desafío, 2006).
[61] Sire, p. 16.

el sentido de doctrinas básicas, y no en el sentido de ponerse lentes para ver todos los aspectos de la vida. Dice que hay siete preguntas fundamentales que, al contestarlas, revelan el enfoque de vida de la persona:

a. ¿Qué es la realidad primaria —la realidad real?
b. ¿Cuál es la naturaleza de la realidad externa, es decir, del mundo que nos rodea?
c. ¿Qué es el ser humano?
d. ¿Qué sucede a una persona cuando muere?
e. ¿Por qué es posible saber algo?
f. ¿Cómo sabemos distinguir entre el bien y el mal?
g. ¿Cuál es el significado de la historia humana?

Sire presenta ocho cosmovisiones:[62]
1) el teísmo cristiano
2) el deísmo
3) el naturalismo
4) el nihilismo
5) el existencialismo
6) el monismo panteísta oriental
7) la nueva era
8) el postmodernismo

1. El teísmo cristiano

El teísmo cristiano (el enfoque cristiano de la vida) sostiene que existe un Dios personal que es trascendente pero inmanente, omnisciente, soberano y bueno. Dios creó el universo de la nada para funcionar según leyes de causa y efecto, pero en un sistema abierto. Esto significa que el

---

[62] Cuando se publicó la primera versión del libro en el año 1976, no se podía identificar claramente el movimiento de la nueva era, y tampoco se hablaba tanto de la postmodernidad. La última versión (1997) pone al día su análisis.

universo no es caótico, pero tampoco está programado de una manera fatalista en el que el hombre no tiene libertad. El ser humano ha sido creado a la imagen de Dios con personalidad, inteligencia, un sentido moral, sociabilidad y creatividad. El hombre puede conocer el mundo y a Dios, porque Dios lo creó con esa capacidad. El hombre fue creado bueno, pero por medio de la Caída, la imagen de Dios en él fue desfigurada. A través de Jesucristo, Dios redimió al hombre y empezó el proceso de la restauración de Su pueblo. La muerte es la puerta a otra vida, o una vida con Dios y Su pueblo, o una vida separada de Dios. La ética está basada en el carácter de Dios. La historia es lineal, una secuencia de eventos que lleva al cumplimiento de los propósitos de Dios.

2. El deísmo

Para los deístas, Dios creó todo, pero luego lo dejó funcionando como una gran máquina. Dios es trascendente, pero no personal. El cosmos que Dios creó es determinado y cerrado, sin intervención de Dios, y sin la posibilidad de milagros. El ser humano es parte de la máquina del universo. El mundo está en su estado normal, no caído ni anormal. Podemos conocer el universo y decidir cómo es Dios por medio del estudio científico del universo. La ética también se revela en el universo, es decir, lo que es, es correcto. La historia es lineal, y el curso de la historia ya fue determinado en la creación. El deísmo tuvo mucha influencia en Francia e Inglaterra al comienzo del siglo dieciocho, pero fue reemplazado por el naturalismo.

3. El naturalismo

Según el naturalismo, la materia existe desde la eternidad, y eso es todo lo que existe. Dios no existe. El cosmos funciona de acuerdo con las leyes de causa y efecto, y está cerrado. El hombre es nada más que una parte compleja de la realidad material. La personalidad es una interacción entre propiedades químicas y físicas. La muerte es la extinción de la personalidad y de la individualidad. La historia es una corriente lineal de eventos, sin propósito. La ética se deriva de la experiencia humana, y básicamente consiste en hacer lo que conviene, en lo que produce armonía. El evolucionismo ateísta es un ejemplo del naturalismo.

4. El nihilismo

El nihilismo es más un sentimiento que una filosofía, según Sire. Incluso, es una negación de la filosofía, de la posibilidad del conocimiento, y de todo valor. Se expresa en la escultura de Marcel Duchamp, "Fuente", que es nada más que un orinal común y corriente, o en el drama de Samuel Beckett, "La respiración", en que hay 35 segundos de sonido: primero un llanto, después respiración hacia adentro, respiración hacia afuera, y al final otro llanto. Así es la vida, según ellos. El nihilismo es el resultado de aceptar las consecuencias prácticas de los postulados del naturalismo. Si todo es materia natural, nada tiene sentido, ni mi propia filosofía. Nietzsche es el precursor de este enfoque, quien declaró que Dios está "muerto".

5. El existencialismo

Hay dos formas de existencialismo: ateísta y teísta. El existencialismo ateísta sostiene que el cosmos solamente contiene materia, pero que de alguna manera el ser humano tiene una conciencia. Es decir, está consciente de sí mismo, y piensa. El mundo externo le parece absurdo, pero el hombre auténtico se rebela en contra de lo absurdo y crea sus propios valores y su propio significado como individuo. El hombre no puede seguir viviendo con la convicción de que nada tiene sentido. Por lo tanto, el existencialismo surgió como un esfuerzo por superar el nihilismo. Sartre y Camus representan este enfoque. El existencialismo teísta es muy distinto. Acepta muchos postulados del teísmo, pero desconfía en la razón humana. La fe es algo subjetivo e individual, y la verdad es una paradoja. Søren Kierkegaard representa este pensamiento.

6. El monismo panteísta oriental

El monismo panteísta sostiene que existe un solo tipo de ser, y una deidad impersonal está en todo. Es el enfoque más popular en el oriente. Según Sire, las religiones orientales van aún más lejos que el existencialismo en su desconfianza en la razón; renuncian totalmente a la lucha por la verdad. Además, renuncian a la lucha por cambiar el mundo; prefieren simplemente existir. La rama Zen del budismo dice: "Atman es Brahman", el alma de cada ser humano es el alma del cosmos. Todo el cosmos es bueno, y no hay verdaderas contradicciones. El hombre no está consciente de su unidad con el cosmos y debe despertarse a esa realidad. Tratan de llegar a un estado mental en que no sienten distinciones entre el bien y el mal, la verdad y la mentira, la realidad y la ilusión.

7. La nueva era

La nueva era es una versión occidental de las religiones orientales, pero con énfasis en el individuo, que para ellos es la realidad primaria. El cosmos se manifiesta en dos maneras, el universo visible, accesible por medio de la conciencia normal, y el universo invisible, accesible por medio de estados alterados de conciencia (por ejemplo con drogas). El hombre debe darse cuenta de que él es Dios. "Sepa que usted es Dios; sepa que usted es el universo", dice Shirley MacLaine.[63] En contraste con el monismo panteísta, la nueva era acepta el concepto animista de la existencia de muchos seres espirituales.

8. El postmodernismo

El "modernismo" comenzó con filósofos como Descartes que confiaban fundamentalmente en la razón y la ciencia. El "postmodernismo" ya no confía en la razón, y no tiene un enfoque de vida. No se preocupa por entender cómo es el ser (ontología) o por cómo saber la verdad (epistemología), sino solamente por el significado del lenguaje. El hombre es lo que decide decir de sí mismo. La ética es determinada por la sociedad. Lo correcto es lo que decidimos es correcto.

Resumen

Hay un resumen de estos enfoques de vida explicados por Sire en el cuadro de la siguiente página. La filosofía ha hecho una distinción entre la ontología (el estudio del ser, ¿qué existe?), la epistemología (estudio del conocimiento, ¿cómo sabemos la verdad?), y la ética (¿Cómo debemos vivir?), categorías que usaremos para explicar los distintos enfoques, además de las categorías importantes de cómo es Dios, y cómo es el hombre.

---

[63] Sire, p. 155.

Enfoque	Dios	Hombre	Ontología	Epistemología	Ética
1 Teísmo cristiano	Personal	Imagen de Dios	2 aspectos: Dios y la creación.	Por revelación de Dios	Debemos hacer la voluntad de Dios, resumido en amar a Dios y al prójimo.
2 Deísmo	Impersonal. Creó el universo y lo abandonó.	Parte de la gran máquina	2 aspectos: Dios y creación	Por medio del estudio del universo, experiencia (empirismo)	Se revela en el universo. Lo que es, es correcto
3 Naturalismo	No existe	Es una máquina	Solamente lo material	Por medio de la razón	Hacer lo que conviene, lo que produce armonía
4 Nihilismo	No existe	La vida no tiene sentido	Solamente material	Conocimiento imposible	Nada tiene valor
5 Existen-cialismo	Ateísta. No existe Teísta: Personal	Solamente materia, pero tiene conciencia. Vive una paradoja	Ateísta: Solamente existe materia, universo absurdo Teísta: 2 aspectos: Dios y creación	Ateísta: Universo absurdo, hombre crea su propio significado Teísta: Salto de fe, paradoja	El hombre crea sus propios valores
6 Monismo panteísta oriental	Unido con el universo	Unido con el universo	Un solo ser, pero Dios está en todo	Renuncian distinciones entre verdad y mentira. Todo es verdad.	Renuncian distinciones entre bien y mal. Todo está bien. Prefieren solamente existir.
7 Nueva era	Unido con el universo (El hombre es Dios.)	El hombre es Dios.	Un solo ser, Dios está en todo, y el hombre es Dios	Conciencia normal (universo visible), estados alterados de conciencia (universo invisible)	El hombre debe darse cuenta de que es Dios.
8 Postmodernismo	No existe	El hombre es lo que decide decir de sí mismo.	No se preocupa por saber cómo es la realidad.	No confía en la razón y la ciencia. No se preocupa por saber la verdad.	Lo correcto es determinado por la sociedad.

Otros enfoques

Podemos agregar otros enfoques de vida al excelente análisis de James Sire.

a) El animismo

Esta religión es muy antigua, muy común, y ha dejado mucha influencia en América Latina. El término viene de "ánima" o "alma", y sus creyentes sostienen que todas las cosas, incluyendo animales, plantas, piedras y todos los objetos, tienen vida espiritual. Algunos estiman que el 40% de la población del mundo hoy es animista. Frecuentemente esta religión incluye la práctica de brujería, magia, supersticiones y ritos. Normalmente hay una creencia en un solo Dios creador por sobre muchos dioses pequeños. No obstante, el hombre no se relaciona con el creador, sino con los dioses pequeños de salud, del tiempo, y de todo lo que afecta su vida diaria. Para algunos, el animismo es otra forma del panteísmo, porque todo lo que existe contiene el alma universal de Dios.[64]

En América Latina, en el tiempo de la colonización, la Iglesia Católica ha permitido un sincretismo entre el cristianismo y el animismo que existía en la religión de los indígenas. Por ejemplo, algunos misioneros en México sacaron de una cueva la imagen de Oztocteotl, el dios de los brujos, y lo reemplazaron con una imagen de Cristo, contando que había aparecido en forma milagrosa. El problema es que esto fue solamente un cambio en forma y en nombre; el "Cristo" tiene las mismas características del dios anterior. Tanto los brujos como los católicos lo visitan

---

[64] J.N.D. Anderson, *The World´s Religions* (Grand Rapids: Eerdmans, 1968), pp. 9-24. Vea también Dean C. Halverson, "Animism" (28 de mayo, 2010) en el sitio: <http://www.ijfm.org/PDFs_IJFM/15_2_PDFs/01_Halverson_05.pdf> y "Animismo" en Wikipedia (28 de mayo, 2010): <http://es.wikipedia.org/wiki/Animismo>

cada año. La famosa Virgen de Guadalupe de México está ubicada en el mismo lugar donde había un templo dedicado a Cihuacoatl (madre tierra, madre serpiente) mucho tiempo antes de los conquistadores, también conocido como Tonantzin. Además, como se mencionó antes, en su imagen, la Virgen está parada sobre la luna, deidad importante indígena, mostrando que ella es superior, pero que no la destruye. Esa imagen expresa gráficamente cómo han agregado el cristianismo por encima del animismo.[65]

b) Religiones que comparten porciones de revelación bíblica

Hay otras religiones que son practicadas por una gran cantidad de personas, como el Islam, el Judaísmo, el Mormonismo, y los Testigos de Jehová. Estas religiones comparten con nosotros porciones de la revelación bíblica, y por lo tanto, también comparten algunos aspectos de nuestro enfoque de vida. Sin embargo, las doctrinas son muy diferentes en áreas importantes. No hay espacio aquí para comparar estas religiones, pero las diferencias más importantes entre estas religiones y el cristianismo ortodoxo están en el contenido de la revelación que han aceptado o agregado, en su doctrina de la naturaleza de Jesucristo y la Trinidad, y en el medio de la salvación. Solamente el cristianismo ortodoxo predica a un Dios que es una Trinidad, y un evangelio de la salvación por gracia por medio de la fe.

Los problemas de los enfoques no cristianos

Todos los enfoques no-cristianos contienen en sí mismo contradicciones, o con el mundo en que vivimos, con la naturaleza del hombre y nuestros instintos que Dios nos ha dado, o lógicamente dentro de su propio sistema de

---

[65] Rodolfo Blank, *Teología y misión en América Latina*, pp. 80, 101-105.

pensamiento. Sin embargo, el enfoque cristiano es completamente coherente.

Primero, toda la creación revela a Dios. Ninguna cosmovisión atea o impersonal puede explicar las señales de que el universo ha sido hecha por un diseñador inteligente. ¿Cómo se formaría todo de una manera tan maravillosa? Piense en el cuerpo humano, las plantas y animales, las leyes físicas tan bien afinadas, o la manera en que los planetas se mantienen en su órbita. Además, según Romanos 1:18-20, Dios se ha revelado en la creación de una manera en que y el hombre puede captar incluso algunas de Sus características, como Su "eterno poder y divinidad". Pablo destaca esto cuando predica a los filósofos en Atenas acerca del "Dios desconocido" (Hechos 17:16-34). Salmo 19 dice que "los cielos proclaman la gloria de Dios". Si alguien pretende negar la existencia de un Dios personal, mientras vive en un mundo personal, es como un hijo pródigo negando que tenga un padre. Si alguien pretende negar la existencia del Dios verdadero, inevitablemente estará en conflicto con la revelación de Dios en la creación y con su propio sentido de la existencia de Dios. Hubo un tiempo en que la gente pensaba que la tierra era el centro del universo. Pero cuando los científicos comenzaron a analizar la evidencia, las cosas simplemente no encajaban. De la misma manera, una cosmovisión que deja de lado a Dios simplemente no encaja. Dios es nuestro centro.

Romanos 1:19-20

Pero lo que se conoce acerca de Dios es evidente dentro de ellos, pues Dios se lo hizo evidente. Porque desde la creación del mundo, Sus atributos invisibles, Su eterno poder y divinidad, se han visto con toda claridad, siendo entendidos por medio de lo creado, de manera que ellos no tienen excusa.

Segundo, veamos cómo algunos enfoques están en contradicción con la naturaleza del hombre y sus instintos. El hombre es la imagen de Dios, y todas las características especiales que lo distinguen de los animales (la razón, la moralidad, la creatividad, y las emociones, por ejemplo) apuntan al Creador personal. Un enfoque impersonal no puede explicar los aspectos personales del hombre. ¿De dónde vienen las emociones como la felicidad y la tristeza? C. S. Lewis cuenta que un factor importante en su conversión era descubrir el gozo y darse cuenta de que tendría que venir desde afuera, y no de él mismo. Esto le llevó a Dios.[66] Cualquier cosmovisión que niegue que exista verdaderamente el bien el mal, o cualquier sistema ético que esté en desacuerdo con los principios morales que Dios ha escrito en el corazón del ser humano inevitablemente estará en conflicto con esos instintos que Dios le ha dado.

Romanos 2:15
Porque muestran la obra de la ley escrita en sus corazones, su conciencia dando testimonio, y sus pensamientos acusándolos unas veces y otras defendiéndolos.

En tercer lugar, veamos cómo algunas perspectivas se contradicen lógicamente dentro de su propio sistema de pensamiento; se destruyen a sí mismos. Los enfoques que sostienen que el universo es una unidad impersonal, sea

---

[66] C. S. Lewis, *Surprised by Joy* [Sorpendido por el gozo] (Orland, FL: Harcourt Brace and Company, 1955).

material o espiritual, sin un Dios personal que lo trasciende, enfrentan un dilema lógico. El problema es que el hombre también quedaría atrapado dentro de esta cosa impersonal. No podía estar fuera de ella. En consecuencia, él sería también impersonal y no podría tener las características que nos hacen humanos, como nuestra capacidad de razonar y tomar decisiones, de ser creativos y de sentir emociones. Esto significa que no podría confiar en sus propios pensamientos o defender su propio enfoque de vida.

Por ejemplo, si el deísmo o alguna forma de naturalismo, como el evolucionismo ateísta, es verdad, entonces el universo está determinado impersonalmente como un organismo o una gran máquina. Esto significaría que los pensamientos del hombre no son más que una reacción química o un movimiento mecánico como el "tic-tac" de un reloj. Como Cabanis lo expresó con crudeza, "el cerebro segrega pensamientos tal como el hígado segrega bilis."[67]¿Qué significan sus pensamientos entonces? ¿Cómo pueden defender su propio enfoque? De hecho, la propia teoría que proponemos es en sí misma sólo una reacción química. ¡Esto es como cortar la rama en la que estamos sentados!

---

[67] Cabanis, citado en Sire, p. 98 (sin indicar el origen o el nombre completo). Podría estar citando a Pierre Jean George Cabanis, un filósofo francés.

Darwin mismo escribió en una carta lo siguiente:

La duda horrenda siempre surgirá si las convicciones de la mente de un hombre, que ha desarrollado de la mente de los animales inferiores, tendrán valor o serán de confianza. ¿Confiaría alguien en las convicciones de la mente de un mono, si existen convicciones en tal mente?[68]

Como vimos en el capítulo dos, los antiguos filósofos griegos captaron el problema que origina el creer que todo es una unidad, lo cual los llevó al escepticismo. Heráclito sostenía que el universo era una unidad que estaba en constante movimiento como un río. "Todo fluye." "No te puedes bañar dos veces en el mismo río", decía.[69] Luego Gorgias decidió que todo conocimiento y toda comunicación eran imposibles.[70]

¿Por qué? Porque no puedo sostener que el universo entero es un gran río fluyendo constantemente, y pretender que yo estoy en la orilla del río, observándolo objetivamente, externamente. Tengo que ser parte del río también. Por lo tanto, si solamente soy parte del río, ¿con qué autoridad estoy opinando acerca de la naturaleza del río? Cratilo fue consecuente con este esquema cuando dejó de hablar.[71]

---

[68] Citado en Sire, p. 83. Sire lo atribuye a una carta a W. Graham (3 de julio, 1881), citado en *The Autobiography of Charles Darwin and Selected Letters* [La autobiografía de Charles Darwin y cartas seleccionadas] (New York: Dover, 1892, nueva impresión 1958).

[69] Humberto Giannini, *Esbozo para una historia de la filosofía* (Santiago de Chile, 1981), p. 17. (La primera edición de su libro fue publicada privadamente.)

[70] Humberto Giannini, *Esbozo*, p. 25.

[71] Humberto Giannini, *Esbozo*, p. 34.

C. S. Lewis explica la contradicción:

> Si todo lo que existe es naturaleza, el gran evento interconectado sin mente, si aun nuestras convicciones más profundas son meramente productos secundarios de un proceso irracional, entonces claramente no existe ni el fundamento más débil para suponer que nuestro sentido de cordura y nuestra consecuente fe en la uniformidad nos digan algo acerca de la realidad externa a nosotros. Nuestras convicciones son simplemente una característica de nosotros —como el color del pelo. Si el naturalismo es verdad, no tenemos ninguna razón para confiar en nuestra convicción de que la naturaleza es uniforme.[72]

También arguye:

> El naturalista no puede condenar a otros por sus pensamientos porque tienen causas irracionales, y seguir creyendo sus propios pensamientos que tienen causas igualmente irracionales (si el naturalismo es verdad).[73]

Lewis cita el argumento de J. B. S. Haldane:

> Si mis procesos mentales son totalmente determinados por el movimiento de los átomos en mi cerebro, no tengo razones para suponer que mis creencias son correctas...y por lo tanto no tengo razones

---

[72] C. S. Lewis, Miracles [Milagros] (New York: MacMillan, 1968), p. 108.
[73] C. S. Lewis, *Miracles*, p. 22.

para suponer que mi cerebro está compuesto de átomos.[74]

Finalmente, los enfoques que niegan la posibilidad de cualquier conocimiento seguro tienen un problema más obvio. Al afirmar que no se puede afirmar nada, se contradicen. Si no pueden estar seguros de nada, ¿cómo pueden estar seguros de que no pueden estar seguros de nada? Es como decir, "¡Todo lo que digo es una mentira!"

Los existencialistas reconocen estos problemas, pero saben también que el hombre no puede vivir con esa completa inseguridad. Por lo tanto, sin poder defender sus creencias racionalmente, hacen un salto ciego de fe. El problema con la perspectiva existencialista es que cualquier cosa puede ser verdad. Si cada uno inventa sus propios valores y decide por sí mismo lo que es la verdad, entonces todo es verdad. Y si todo es verdad, el concepto de la verdad pierde su sentido.

El enfoque cristiano es el único coherente y sostenible.

Solamente el enfoque cristiano está en armonía con el mundo en que vivimos y permite la posibilidad de conocimiento seguro y libertad. No tenemos que aceptar una cosmovisión que lleva a tantas contradicciones o un salto ciego de fe. El enfoque cristiano no es monista, sino afirma que hay dos tipos de realidad: Dios y Su creación. El hombre no es simplemente parte de un gran organismo, de una máquina, o de un espíritu en desarrollo continuo. Es una criatura de Dios, hecha a Su imagen, con pensamientos libres, con el uso de la razón y con emociones. El mundo es

---

[74] *Possible Worlds* [Mundos posibles], citado por Lewis en *Miracles*, p. 22.

muy personal, porque el Creador personal lo hizo para reflejar Sus propios atributos. Y el hombre no necesita mirar dentro de sí mismo para encontrar la verdad, ni necesita saberlo todo para estar seguro de algo; Dios, que es la fuente de toda verdad, revela Su verdad al hombre. El cristianismo es el único enfoque de vida que no produce contradicciones inevitables.

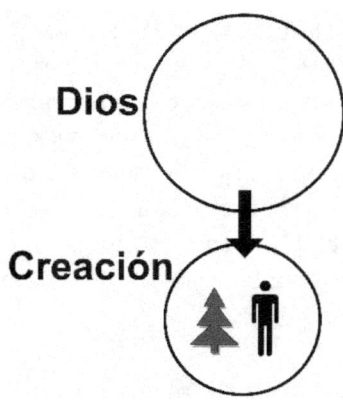

Un método apologético

Quisiera sugerir algunas pautas para la defensa del evangelio. En realidad, cuando se trata del evangelio, creo que la mejor defensa es una buena ofensiva. No debemos pedir disculpa por la verdad, ni tratar de darle la razón al no creyente en sus postulados, sino mostrarle las inconsecuencias de su posición. Por supuesto, debemos tratar de contestar sus preguntas, pero no dejar que él manipule toda la conversación.

Al defender nuestra fe, podemos preguntar por qué la otra persona cree lo que cree. Cuando explica por qué, por ejemplo, si dice que cree en la evidencia científica, o cree que su concepto es lógico, podemos preguntar cómo puede estar seguro que la evidencia científica es correcta, o por qué confía en la lógica. Esto no es un juego; hay que hacerlo con amor y con respeto. De otro modo, podemos perder la oportunidad de mostrarle el evangelio. Pero seguimos preguntando hasta que no haya más respuestas. ¿Hasta dónde llegará el no creyente? Tendrá que llegar a una respuesta final.

Esta respuesta será (expresada de alguna manera), que al final es su propio juez de la verdad. Pretende decidir por sí mismo lo que es la verdad. Como en el Jardín del Edén, el hombre todavía pretende ser juez de las cosas, a pesar de que su Creador está allí.

Esto por supuesto le quita la certeza, porque tendría que saber todo para estar absolutamente seguro de algo, y él sabe que no sabe todo. Sabe que no es Dios y que no determina la verdad.

La alternativa cristiana es que lo creemos porque Dios lo dice. ¿Cómo sabemos que Dios lo dice? ¡Porque Dios dice que lo dice! Tendremos que volver a las Escrituras para comenzar. Dios se defiende solo, y Su Palabra se defiende sola. Si apelamos a otra fuente por sobre Su Palabra, hemos socavado nuestro propio fundamento, contradiciendo nuestra filosofía de vida.

Propongo una metodología apologética "TICA". Hay cuatro aspectos. No es necesario seguir este mismo orden. Todo depende de la persona y la situación. Debemos compartir nuestro propio testimonio, mostrarle las inconsecuencias de su posición, contestar sus preguntas, y anunciar el evangelio, mostrando su necesidad de Cristo.

Testificar
Inconsecuencias
Contestar preguntas
Anunciar el evangelio

Testificar

El Señor abrirá las puertas en el momento apropiado, dando ocasión para compartir nuestro testimonio. El testimonio es personal, y no tratarán de negar nuestra experiencia. Este aspecto personal da a entender que tenemos una relación personal con el Señor, y que no es simplemente una filosofía de vida o una ética de vida.

Inconsecuencias

En cuanto a las inconsecuencias, tenemos que mostrar amor y humildad, porque es doloroso para el no creyente ver sus contradicciones vitales. A veces nuestra actitud es más importante que nuestras palabras. Pablo dice que no trató de impresionar con "palabras persuasivas de sabiduría", sino que apuntaba a Cristo (1 Corintios 2:1-5). Sin embargo, también hay lugar para defender la verdad con palabras. Pablo pasó meses dialogando en Éfeso, "discutiendo y persuadiéndoles acerca del reino de Dios" (Hechos 19:8).

¿Cómo mostrar las contradicciones de su posición? Primero, hay que conocer su manera de pensar y su cosmovisión. Hágale preguntas sobre su trasfondo y sus creencias. Dedique mucho tiempo solo para escuchar y entender. Posiblemente requiera varias conversaciones.

Después, haga preguntas para que explique por qué cree lo que cree. Ya hemos visto algunos puntos importantes para la apologética: el no creyente no puede estar seguro del conocimiento, y no puede vivir consecuentemente con sus propios conceptos, porque pretende ser independiente de

Dios. Así puede preguntar cómo está seguro de su posición, para que sienta el peso de la inseguridad. Utilice los argumentos presentados en la sección anterior.

Hay dos conceptos bíblicos que son nuestros puntos de contacto con cualquier persona: a) todos saben que Dios existe en el fondo de su corazón (Romanos 1:19-21), y b) todos tienen una conciencia que a veces les hace sentirse culpables (Romanos 2:14-15).

¡Lo más difícil ya está hecho! Solamente tenemos que ayudarle a destapar este conocimiento instintivo de Dios, a reconocer su culpa, y a ver la solución de su culpa en Cristo.

Cuando Pablo habló en el Areópago en Atenas, les llamó la atención hacia el altar al "Dios no conocido", y les declaró cómo era. Nosotros podemos explicar el evangelio, confiando en el Espíritu Santo, que utilizará este conocimiento innato. La mente del hombre no es una "tabla rasa"; aunque trate de hacerlo, no puede borrar totalmente el conocimiento del Dios verdadero, ni tampoco su conciencia.

Incluso los grupos tribales alejados de la civilización manifiestan un sentimiento de culpa y la necesidad de hacer un sacrificio de alguna manera para cubrir su pecado. Posiblemente envíen un perro en una balsa para que muera por ellos. Otros pueden cortar la cabeza de un pollo. Algunos incluso sacrifican a sus propios hijos. Una de las cosas más asombrosas que he visto fue un niño indígena congelado encontrado en la Cordillera de los Andes. Ahora está en un museo de Chile. Los expertos creen que tiene cientos de años. Estaba vestido y sentado de una manera que muestra que había sido sacrificado a los dioses.

Tampoco Pablo vaciló en llamar a los atenienses al arrepentimiento. El no creyente no buscará la salvación en Cristo hasta que reconozca su pecado. En nuestro diálogo con él, tenemos que mostrarle que su problema principal es tratar de independizarse de su Creador.

Contestar preguntas

Siempre tenemos la tarea de dar razones de nuestra fe (1 Pedro 3:15). Es importante mostrarle que la cosmovisión cristiana es coherente y que podemos vivir consecuentemente con ella. Sin embargo, no tenemos que contestar todas sus preguntas. A veces tenemos que admitir humildemente que no sabemos la respuesta. Después de todo, le queremos comunicar que sólo Dios sabe todo, y que la única manera de saber algo es recibirlo de Él.[75]

Anunciar el evangelio

Después de hablar de todos estos conceptos, no olvidemos de volver a mostrarle a Cristo. En vez de mostrar nuestra inteligencia y producir polémica, nuestra tarea principal es llevar a la persona a Cristo y poner su mano en la mano del Señor. El Señor se encargará de contestarle las preguntas que no podemos contestar.

Sigamos el ejemplo de la esposa del esquizofrénico John Nash en la película "Una mente bella". Con mucho amor, quedemos al lado del no creyente, mostrándole con humildad sus contradicciones. Con la obra del Espíritu Santo en su corazón, reconocerá esta inconsecuencia. Cuando escucha el evangelio y las verdades bíblicas, si está siendo llamado a Cristo, él sentirá que se le abren los ojos. Sentirá que había estado soñando, y ahora está despierto, que había estado enfermo, y ahora está sano. ¡Que el Señor nos dé sabiduría para practicar una apologética efectiva y sabia!

---

[75] Hay sugerencias para contester las preguntas más difíciles en el libro del autor, *Certeza de la fe.*

Preguntas de repaso

1. Nombre los enfoques de vida según James Sire y anote los postulados clave para cada categoría (Dios, hombre, ontología, epistemología, y ética).

2. Explique las creencias del animismo.

3. ¿Qué concepto ha permitido la Iglesia Católica en América Latina, desde el tiempo de la colonización?

4. Explique las diferencias más importantes entre el Cristianismo y otras religiones que comparten porciones de la revelación bíblica, como el Islam, el Judaísmo, y las sectas como el Mormonismo y los Testigos de Jehová.

5. Explique cómo los enfoques ateístas impersonales contradicen el mundo en que vivimos.

6. Explique cómo los enfoques ateístas impersonales contradicen la naturaleza del hombre y los instintos que Dios le ha dado.

7. Explique cómo los enfoques de vida que sostienen que el universo es una unidad, sin un Dios personal que lo trasciende, se contradicen a sí mismos.

8. Según Romanos 1 y 2, ¿cuáles son las dos cosas que Dios ha revelado toda la humanidad?

9. Explique por qué el enfoque cristiano es el único enfoque coherente y sostenible.

10. Explique el método apologético "TICA".

Preguntas de reflexión

1. ¿Usted conoce algún otro enfoque de vida o alguna religión que no se mencionó en este capítulo? Explique sus postulados básicos.

2. ¿Cuáles son algunos enfoques de vida que son populares en su país, o entre sus amigos que no son cristianos?

3. ¿Cuáles son las preguntas más difíciles que nos hacen los no creyentes acerca de nuestra fe? ¿Qué sugerencias tiene usted para contestar esas preguntas?

4. ¿Por qué cree que algunas cosmovisiones no cristianas son atractivas para muchas personas? Mencione ejemplos.

5. ¿Está de acuerdo con el autor acerca de los problemas de los enfoques no cristianos? ¿Por qué?

6. ¿Está de acuerdo con el autor acerca de por qué el enfoque cristiano es el único coherente y sostenible? ¿Por qué?

Ejercicio

Pida a dos personas que se ofrezcan para practicar un diálogo. Una persona será un cristiano y la otra persona asumirá el rol de un no creyente. El cristiano practicará los pasos "TICA" para conocer el enfoque del no creyente, mostrarle sus inconsecuencias, y presentarle el evangelio.

5. Hacia un enfoque cristiano de la política

En la segunda mitad de este libro, analizaremos la política, la economía, la ciencia y el arte. Estos capítulos dan una mirada introductoria a algunos principios generales que pueden aplicarse a una variedad de situaciones. Son ejemplos de cómo se puede empezar a desarrollar una perspectiva cristiana sobre estos temas. No pretendo ser un experto en ninguna de estas áreas, pero quiero darles algo para pensar, especialmente algunos pasajes bíblicos relacionados con los temas. Espero que el lector se anime a seguir estudiando estos temas para llegar a sus propias conclusiones sobre inquietudes específicas.

Cuando llegué a Chile como misionero en 1978, el país todavía vivía bajo el régimen militar de Augusto Pinochet (desde 1973 hasta 1990). Naturalmente, tenía curiosidad por saber qué pensaban los chilenos sobre la situación. Pero cuando comencé a hacer preguntas, me dijeron que sería mejor no hablar de tales cosas. Mucha gente no quería hablar de política porque era un tema muy polémico. Hasta el día de hoy, los chilenos siguen siendo extremadamente sensibles y divididos acerca de sus puntos de vista sobre la situación política en ese tiempo.

El tema es aún más divisivo en otros países. Un misionero me dijo que en algunas iglesias del país donde trabaja, la gente se sienta en el lado izquierdo del pasillo o en el lado derecho, según la afiliación política.

En Estados Unidos, he observado que algunas congregaciones y denominaciones están tan claramente alineadas con un partido político que las personas de otros partidos no se sienten cómodas entre ellas. Algunos han abandonado su iglesia porque su pastor no expresó abiertamente su apoyo a la causa política que profesaban.

Estos son extremos: o callar o discutir, o estar de acuerdo o dividirse. Deberíamos poder hablar de política sin pelear o dividirnos. Y no tenemos que estar de acuerdo en todo. En este capítulo, examinaremos temas como la tarea del gobierno, su relación con el reino de Dios y con la Iglesia, y las maneras en que los cristianos pueden tener una buena influencia en él. Analizaremos algunas lecciones básicas que podemos aprender de la Biblia y de la historia.

La tarea del gobierno

Abraham Kuyper, quien fue teólogo, pastor, y primer ministro de Holanda,[76] distinguió entre un desarrollo "orgánico" y un desarrollo "mecánico" de instituciones sociales. Por un lado, las instituciones sociales que se desarrollan en forma "orgánica" son necesarias y "naturales"; se habrían desarrollado aun sin la existencia del pecado en el mundo. Por otro lado, las instituciones que se desarrollan en forma "mecánica" son necesarias solamente por causa del pecado. Son como un "palo tutor" colocado al lado de un arbolito para ayudarle a crecer en forma derecha.

Para Kuyper, entonces, la sociedad se habría organizado en forma "orgánica" aun sin la Caída y la presencia del pecado. Habría existido en forma patriarcal, como una gran familia. Sin embargo, el Estado[77], tal como lo conocemos ahora, con policía, tribunales y ejércitos, incluye aspectos

---

[76] Kuyper fue primer ministro de Holanda entre 1901 y 1905.

[77] La terminología puede resultar confusa en el estudio de la política. A veces, el término "Estado" incluye tanto a las personas y el territorio que gobierna como a la institución que lo gobierna. Kuyper parece utilizar el término de esta manera en este contexto. El término "gobierno civil" normalmente se refiere más específicamente a la institución que gobierna el Estado. En ocasiones, ambos términos se utilizan como sinónimos. Nuestro principal interés en este capítulo es el gobierno civil.

que son necesarios solamente debido a la presencia del pecado. Es decir, se ha desarrollado en forma "mecánica."[78]

Creo que la distinción entre un desarrollo "orgánico" y un desarrollo "mecánico" es útil. Solo podemos especular sobre cómo se habría organizado la sociedad sin el pecado.

Pero podemos suponer que habrían obedecido el mandato de "ser fecundos y multiplicarse", de "llenar la tierra" y de "someterla". Además, la imagen de Dios en las personas les habría motivado a mantener el orden. A medida que la raza humana crecía, la vida se habría vuelto más compleja, requiriendo mayor organización y supervisión.

Por ejemplo, probablemente habrían establecido pautas para el intercambio de productos o la compraventa de bienes. Habrían aprendido a cooperar en el cuidado de sus ovejas y el cultivo del trigo, y posiblemente en la educación de sus hijos. Habrían organizado muchas cosas de forma similar a como lo hacemos ahora después de la Caída, pero sin los efectos dañinos del pecado. Este sería el aspecto orgánico positivo del desarrollo de la sociedad.

Lamentablemente, la Caída ocurrió, y eso cambia todo. Ahora también necesitamos leyes para protegernos unos de otros y para combatir los efectos del pecado. Necesitamos policías y jueces para garantizar que se obedezcan las leyes y que se haga justicia. Este es el aspecto mecánico, negativo, de la sociedad.

Esto sugiere que la tarea del gobierno civil también tiene dos aspectos: uno negativo y otro positivo. Esto es lo que encontramos en el Nuevo Testamento. Pablo escribe:

---

[78] Abraham Kuyper, *Lectures on Calvinism*, "Calvinism and Politics" [Discursos sobre el Calvinismo, "La Política"] Discursos dados en la *Universidad de Princeton*, 1898. <http://www.kuyper.org/main/publish/books_essays/article_17.shtm>, 1 de julio, 2010.

Romanos 13:3-6

Sométase Porque los gobernantes no son motivo de temor para los de buena conducta, sino para el que hace el mal. ¿Deseas, pues, no temer a la autoridad? Haz lo bueno y tendrás elogios de ella, pues es para ti un ministro de Dios para bien. Pero si haces lo malo, teme. Porque no en vano lleva la espada, pues es ministro de Dios, un vengador que castiga al que practica lo malo. Por tanto, es necesario someterse, no solo por razón del castigo, sino también por causa de la conciencia. Pues por esto también ustedes pagan impuestos, porque los gobernantes son servidores de Dios, dedicados precisamente a esto.

Pedro escribe algo similar. Dice que las autoridades de las instituciones humanas, incluyendo al rey y sus gobernadores, son enviadas por Dios "para castigo de los malhechores y alabanza de los que hacen el bien" (1 Pedro 2:13-14).

En 1 Timoteo 2:1-2, Pablo nos exhorta a orar por todas las personas, incluyendo "por los reyes y por todos los que están en autoridad", para que podamos llevar una vida "tranquila y sosegada ".

Observe los aspectos negativos y positivos:

1) Los gobernantes son un "motivo de temor" para los que hacen el mal y "llevan la espada" para castigarlos.

2) Los gobernantes son "ministros de Dios para bien" y deben ayudarnos a vivir una vida "tranquila y sosegada".

Para frenar el mal, es necesario establecer leyes y asegurar que se obedezcan. Por ejemplo, el gobierno aprueba leyes contra el robo, y cuando alguien roba a otra persona, las autoridades lo castigan. Las autoridades también establecen límites de velocidad en las carreteras e instalan semáforos en las calles para garantizar la seguridad y evitar accidentes. Cuando alguien desobedece estas normas y pone en peligro a los demás, será castigado.

Existe una excepción a la obediencia a las autoridades: cuando te ordenan hacer algo contrario a la voluntad de Dios. El mismo Pedro fue uno de los apóstoles que se negó a dejar de predicar el evangelio (Hechos 4:19-20, 5:29).

Proporcionar un ambiente tranquilo y calmado apunta a la tarea positiva de *proteger la libertad y mantener la paz y el orden.* En 1 Timoteo, la exhortación de Pablo se escribó en el contexto de la persecución, y él los instaba a orar para tener la libertad de adorar en paz y de vivir conforme a sus convicciones cristianas. El gobierno tiene el deber de proteger la libertad religiosa, incluso para los grupos minoritarios. Sin embargo, la frase también sugiere mantener la paz y el orden en general.

Ser "ministros para bien" claramente significa proteger a las personas del daño de los malhechores en el contexto de Romanos 13, pero creo que también incluye la tarea de *mantener la paz y el orden.* Esto refleja la tarea positiva del gobierno: proveer servicios que ayuden a la sociedad a funcionar de manera pacífica y ordenada. Hay asuntos que no se pueden manejar fácilmente sin el gobierno, como establecer fronteras, garantizar el acceso a agua y electricidad en las ciudades, o construir puentes y carreteras, por ejemplo.

En resumen, las tareas principales del gobierno civil son: *frenar el mal, proteger la libertad, y mantener la paz y el orden.*

Note que esta descripción de la función del gobierno civil no implica que tenga la responsabilidad de manejar cada aspecto de la sociedad o cubrir todas las necesidades. Existen otras instituciones, como la Iglesia y la familia, que también desempeñan un papel importante en el cuidado de las personas.

De hecho, en las Escrituras, la educación de los hijos se considera responsabilidad de los padres (Deuteronomio 6:6-7, Efesios 6:4, Proverbios 22:6). Esto no significa que sea incorrecto que el gobierno organice escuelas públicas o que los padres cristianos envíen a sus hijos a una escuela pública, sino que deben mantenerse informados de la enseñanza de sus hijos y conversar con ellos sobre temas importantes. Deben ayudarles formar una cosmovisión cristiana, tal como estamos proponiendo en este libro. También significa que el gobierno debe permitir que las familias opten por la educación en el hogar y que las iglesias organicen escuelas cristianas privadas.

El gobierno debería actuar como árbitro en un partido deportivo. Normalmente, permite que los atletas jueguen libremente, pero debe asegurarse de que respeten las reglas y penalizarlos cuando no lo hagan. En general, propongo que el gobierno no interfiera en las actividades cotidianas de las personas e instituciones, salvo cuando exista alguna injusticia entre ellas. Por ejemplo, el gobierno no debería decirle si debe comprar un teléfono móvil ni dónde comprarlo. Sin embargo, si roba uno de una tienda, debe rendir cuentas. Su "libertad" se convierte en una falta de libertad para el dueño de la tienda. Como alguien dijo: "Mi derecho a mover el brazo termina donde empieza tu nariz". Normalmente, el gobierno debería permitir que las empresas operen libremente, pero en el momento en que los dueños empiecen a abusar de sus trabajadores o a hacer algo injusto, el gobierno debería intervenir para corregir la situación.

La política y el Pueblo de Dios; Una lección del A.T.

Durante el período del Antiguo Testamento, Israel tuvo el privilegio de ser el pueblo especial de Dios, con quien Dios hizo Su pacto. Comenzaron como una familia, una tribu patriarcal (Génesis). En Sinaí, se formó una nación (Éxodo), con leyes para frenar el pecado y una estructura de líderes nombrados (Números). Allí se estableció lo que hoy llamamos una teocracia, en que Dios designaba a los líderes y los guiaba directamente. Existía una religión oficial: el culto a Yahvé. Moisés fue profeta, libertador y gobernante, pero sirvió a Dios como su representante directo. Al entrar en la Tierra Prometida, Dios escogía jueces para gobernar sobre Israel (Jueces 2:16).

La siguiente etapa fue una monarquía. Anteriormente, bajo el liderazgo de Moisés, Dios les había dicho que un día pedirían un rey y que su petición sería concedida.

Deuteronomio 17:14-15

Cuando entres en la tierra que el SEÑOR tu Dios te da, y la poseas y habites en ella, y digas: "Pondré un rey sobre mí, como todas las naciones que me rodean", ciertamente pondrás sobre ti al rey que el SEÑOR tu Dios escoja, ...

Varios siglos después, tal como fue profetizado, Israel pide un rey "como todas las naciones" (1 Samuel 8:5). Pero algo curioso sucede: Dios les concede su petición, pero expresa Su molestia con la idea. Dios dice a Samuel:

1 Samuel 8:7

...Escucha la voz del pueblo en cuanto a todo lo que te digan, pues no te han desechado a ti, sino que me han desechado a Mí para que Yo no sea rey sobre ellos.

Por medio de Samuel, Dios les advierte de las consecuencias de tener tal rey. Sus hijos tendrán que ser soldados, corriendo delante de los carros reales, y trabajarán haciendo armas de guerra y arando los campos. Sus hijas serán perfumadoras, cocineras y amasadoras. El rey exigirá un diezmo de sus cosechas y de sus rebaños (vs. 8-17). No estarán contentos con esta situación.

Ese día clamarán por causa de su rey a quien escogieron para ustedes, pero el SEÑOR no les responderá en ese día. (v. 18)

Pero a pesar de esta advertencia, el pueblo seguía pidiendo un rey que los gobernara y los guiara en la batalla, "como todas las naciones" (v. 20). Dios le dice a Samuel que conceda su petición. Sin duda, el deseo de ser "como todas las naciones" le resultaba ofensivo a Dios. Era como "servir a otros dioses" (v. 8). Sin embargo, les permite tener un rey.

¿Por qué? Sabemos que a veces Dios concede nuestras peticiones inapropiadas para enseñarnos una lección. En este caso, les haría comprender que no es buena idea ser como las demás naciones. ¡Se suponía que deberían ser diferentes!

También es un ejemplo de algo que vemos a lo largo de las Escrituras: Dios permite cosas que parecen malas en su momento y luego las transforma en algo bueno. El mejor ejemplo es la crucifixión de Jesús; fue el peor pecado jamás cometido, pero logró nuestra salvación. En el caso de permitir que Israel tuviera un rey como las demás naciones, fue un error que lo pidieran, pero Dios lo convirtió en algo bueno: preparó a su pueblo para vivir bajo gobernantes seculares, para ser la sal de la tierra entre todas las naciones.

Desde el principio, el plan de Dios siempre fue dispersar a Su pueblo por todo el mundo para generar un cambio positivo. Dios le prometió a Abraham que todas las familias del mundo serían bendecidas en él (Génesis 12:2-3). Para lograrlo, Su pueblo tuvo que liberarse de la teocracia. Con el tiempo, el pueblo de Dios no solo tendría un rey "como las demás naciones", sino que viviría "en las demás naciones".

El periodo de la monarquía no fue totalmente malo, especialmente bajo David y Salomón. Sin embargo, la nación se corrompió, con muchos reyes malvados y violencia constante, y sufrió una trágica división.

Finalmente, fueron conquistados por naciones extranjeras y llevados al exilio. Perdieron su identidad como monarquía, al no tener su propio rey. Algunos regresaron más tarde a Jerusalén y reconstruyeron las murallas y el templo, pero ya no era como antes. Sufrieron bajo el dominio de varios imperios, incluyendo el romano, que gobernaba en el tiempo de Cristo.

Cuando llegó su Mesías, los judíos lo rechazaron. Pilato les preguntó: "¿He de crucificar a su Rey?", y los sumos sacerdotes respondieron: "No tenemos más rey que César" (Juan 19:15). Entonces Pilato entregó a Jesús para que fuera crucificado. Pablo explica que los judíos "tropezaron" en Jesús (Romanos 9:30-33). Ahora "no hay judío ni griego" (Gálatas 3:28); todos los creyentes estamos unidos en Cristo (Efesios 2:11-22).

¿Qué nos enseña este breve repaso histórico? Claramente apunta a la necesidad de salvación y a la necesidad de Jesús como el Rey perfecto. Pero, ¿qué nos enseña sobre política?

Primero, nos enseña que Dios, por causa de Su gracia, usa a los gobiernos civiles para lograr Sus propósitos, pero que en este mundo inevitablemente serán corruptos. Incluso, un gobierno ideal no existirá en este mundo caído; tendremos que esperar el retorno de Cristo. Mientras tanto, como Abraham, vivimos "como extranjeros", en una "tierra extraña", buscando una ciudad "que tiene cimientos, cuyo arquitecto y constructor es Dios". Buscamos una "patria mejor", una patria "celestial" (Hebreos 11:8-16).

En segundo lugar, demuestra que el pueblo del pacto, el pueblo elegido por Dios, ya no es una nación política ni un grupo étnico. Dios descentralizó a Su pueblo y lo dejó sin rey. Solo tenían profetas, sacerdotes, y ancianos. Pero esto, en realidad, ayudó a extender su ámbito de influencia. Se establecieron sinagogas en diferentes países de la región mediterránea, que se convirtieron en plataformas para predicar el mensaje del evangelio. Jesús dio a sus discípulos la Gran Comisión de hacer discípulos de "todas las naciones" (Mateo 28:19).

EL PUEBLO DE DIOS

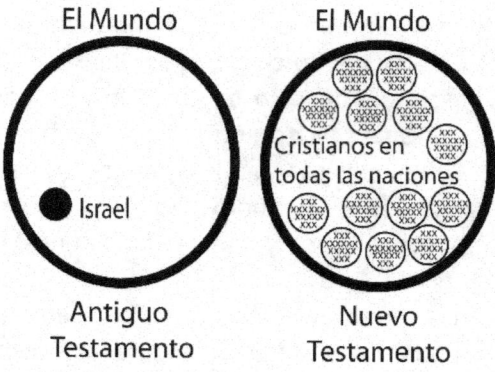

Esto tiene implicaciones prácticas importantes para nosotros hoy. *Significa que ahora ningún país ni grupo étnico puede reclamar el privilegio de ser el pueblo especial de Dios.* Sin embargo, también significa que el pueblo de Dios, como cristianos, *están dispersos por todo el mundo en TODAS las naciones políticas.*

El pueblo de Dios no es una sola nación,
pero está *en* todas las naciones.

La política y el reino de Dios; Una lección del N.T.

Tal como el *Pueblo de Dios* ya no se puede identificar con una nación política, tampoco *el reino de Dios* se puede identificar con un movimiento político o un partido político.

La gente frecuentemente entendía mal la naturaleza del reino de Jesús. Herodes el Grande intentó matarlo cuando era un bebé, porque temía que eventualmente lo reemplazara como rey de Judea (Mateo 2:1-12). Satanás tentó a Jesús, ofreciéndole "todos los reinos del mundo" si se postraba y lo adoraba, pero Jesús lo reprendió (Lucas 4:4-8). Cuando Pilato le preguntó a Jesús si era rey de los judíos, Él respondió: "Mi reino no es de este mundo", y agregó, "si Mi reino fuera de este mundo, entonces Mis servidores pelearían para que Yo no fuera entregado a los judíos" (Juan 18:33-36).

Los discípulos mismos se confundieron. En Hechos 1:6-8, Jesús pronunció Sus últimas palabras en la tierra antes de la ascensión. Los discípulos le habían preguntado si iba a restaurar el reino a Israel (Hechos 1:6). Probablemente esperaban que Jesús ahora iniciara una rebelión para echar a los romanos y restaurar a la nación de Israel con la posición que correspondía al pueblo de Dios, quizás algo como lo que era durante la monarquía de David. La respuesta de Jesús debió haberles confundido. Quizás pensarían que no había entendido la pregunta.

Hechos 1:6-8

Entonces los que estaban reunidos, le preguntaban: "Señor, ¿restaurarás en este tiempo el reino a Israel?". Jesús les contestó: "No les corresponde a ustedes saber los tiempos ni las épocas que el Padre ha fijado con Su propia autoridad; pero recibirán poder cuando el Espíritu Santo venga sobre ustedes; y serán Mis testigos en Jerusalén, en toda Judea y Samaria, y hasta los confines de la tierra".

¿Estaría diciendo que no deberían preocuparse por los asuntos del reino? ¿Que solamente es importante la evangelización ahora? ¡No! Eso no era Su respuesta. Además, no estaba confundido. Habría sido difícil de captar al principio posiblemente, pero *estaba explicando cómo se iba a establecer el reino de Dios.*

El método de establecer el reino no es por fuerza o con armas, no es no es a través de un movimiento político temporal, sino por medio del testimonio acerca de Jesús. El Espíritu Santo vendría con más poder que nunca, y los llevaría a todos los rincones de la tierra con el mensaje. Así se establece Su reino. La única manera de lograr un verdadero cambio en la sociedad es a través de un cambio espiritual en los corazones de las personas.

Pero no termina con la conversión; eso es solo el comienzo. El epicentro del cambio es el corazón, pero sus efectos se extienden por la familia, la iglesia, la política, los medios sociales, la ciencia, la medicina, el comercio, la educación, el arte, la literatura, ...todo. Cuando Dios reina en el corazón, cada aspecto de la forma de pensar y vivir de una persona se transforma. Jesús enseñó a sus discípulos a orar: "Venga Tu reino. Hágase Tu voluntad, así en la tierra como en el cielo" (Mateo 6:10). Cuando se cumple la voluntad de Dios, está llegando su reino.

Por ejemplo, supongamos que un hombre muy egoísta es el dueño de una fábrica de calzado, y no paga a sus trabajadores un salario justo ni los trata con respeto. Lo único que desea es ganar más dinero. Los trabajadores pueden protestar y rogarle que sea justo, pero a él no le importa. Sin embargo, si se convierte a Cristo, su actitud cambiará; entonces les pagará mejor y los tratará mejor. ¡En ese proceso, está llegando el Reino!

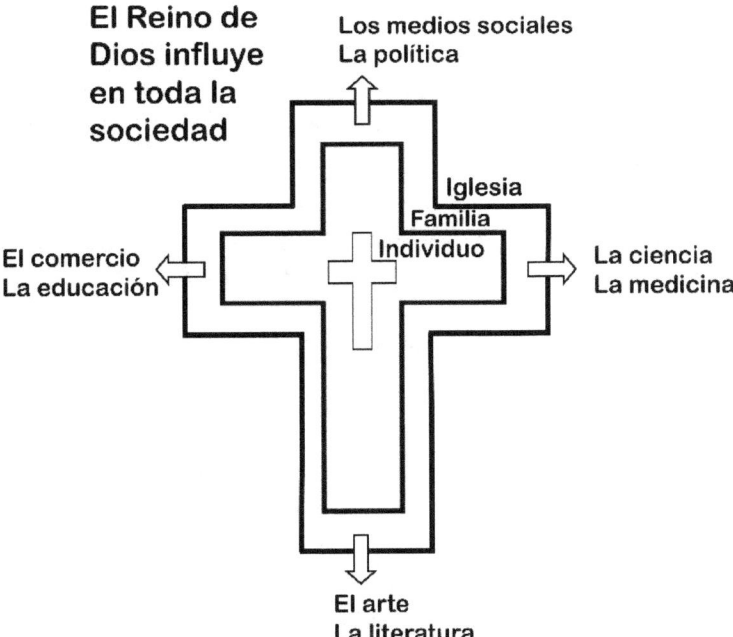

109

Una secretaria glorifica a Dios, no solo siendo amable con sus colegas o compartiendo con ellos las Buenas Nuevas (sin negar la importancia de estas cosas), sino también al desempeñar sus tareas habituales, por muy tediosas e insignificantes que puedan parecer en ese momento. ¿Por qué? Porque ella está manifestando la imagen de Dios y porque su trabajo beneficia a la sociedad. Es una forma de cumplir el mandato cultural y extender el Reino.

La política no es el instrumento especial de Dios para establecer Su reino. En cambio, el poder reside en el Espíritu Santo, quien transforma a las personas mediante la predicación del evangelio, quienes a su vez transforman el mundo que les rodea. *El reino de Dios no se puede identificar con ningún movimiento político.*

Sin embargo, esto no significa que la política sea insignificante, ni que el gobierno civil no sea asunto nuestro. *El reino de Dios permea el mundo de la política, tal como transforma todas las áreas de la sociedad.*

El reino de Dios no es de este mundo,
pero *transforma* todo el mundo.

¿Cómo debemos relacionarnos con el gobierno? Una lección de una moneda

¿Cómo debemos relacionarnos con el gobierno civil? Propongo que, en general, deberíamos aplicar el mismo principio que defendimos respecto a la cultura y la sociedad en general. Es decir, en lugar de mantenernos alejados o conformarnos con la influencia secular, deberíamos trabajar para transformar nuestro gobierno y mejorarlo. *La política no cambia a las personas, pero las personas cambian la política.*

Cuando los fariseos y herodianos le preguntaron a Jesús si era lícito pagar impuestos a César (Mateo 22:15-22), les pidió que le mostraran una moneda y les respondió con otra pregunta: "¿De quién es esta imagen y esta inscripción?". Cuando ellos respondieron que era la imagen de César en la moneda, Él sabiamente les contestó: "Pues den a César lo que es de César, y a Dios lo que es de Dios".

Intentaban atraparlo. Por un lado, los herodianos apoyaban a Roma y consideraban ilegal negarse a pagar impuestos. Por otro lado, los fariseos odiaban a Roma y consideraban ofensivo e inmoral apoyar a César. Creían tenerlo acorralado, pero no fue así.

¿Cómo mostró Jesús que no podían hacerle caer en su trampa? No dice que deben negarse a pagar impuestos a ese gobierno pagano ni que deben tratar de derrocar al Imperio Romano. Pero tampoco les permite pensar que pueden reconocer a César como su máxima autoridad. Note que ni los herodianos ni los fariseos pudieron criticar Su respuesta; quedaron asombrados y se marcharon.

No creo que Jesús esté diciendo, como algunos piensan, que deben mantener estos dos aspectos de sus vidas totalmente separados, como si dijera, "sigan las normas del gobierno en asuntos seculares y sigan las normas de Dios en asuntos espirituales." No está sugiriendo que existan dos reinos separados.

¿Qué quiso decir Jesús? Estaba poniendo las cosas en su lugar. Si la moneda tiene la imagen de César, le pertenece a él. Pero César lleva la imagen de Dios, ¡y por lo tanto, César pertenece a Dios! Jesús les recuerda que Dios es soberano sobre todas las cosas, incluyendo el Imperio Romano.

Donald Carson explica que este pasaje "no autoriza una dicotomía absoluta entre Dios y César, o entre la Iglesia y el Estado, o entre Cristo y la cultura." Agrega que "si le devolvemos a Dios lo que tiene su imagen, todos debemos entregarnos a él. ... Estaremos obligados a pagar impuestos a César, pero le debemos todo, nuestro propio ser, a Dios".[79]

Jesús admite que es legítimo pagar impuestos a César. Pablo lo confirmó en Romanos 13. Pero está enseñando algo más profundo: se puede vivir bajo un gobierno civil y cumplir con muchos deberes cívicos de este tipo sin traicionar el compromiso con Dios. Esto apunta nuevamente al concepto de "estar en el mundo" para transformarlo, pero no "ser del mundo". También encaja con el plan de que los cristianos se dispersen y vivan bajo diferentes tipos de gobiernos civiles en distintos países.

Pero para lograrlo, se requiere fidelidad a Dios por encima de cualquier gobernante terrenal. Si las autoridades civiles nos exigen hacer algo contrario a la voluntad de Dios, estamos obligados a desobedecer. Cuando las autoridades prohibieron a los discípulos predicar en nombre de Jesús, desobedecieron para poner a Dios en primer lugar (Hechos 4:19, 5:29).

La relación entre Iglesia y Estado; Una lección de la historia

La pregunta acerca de cómo debe ser la relación entre la Iglesia y el gobierno civil ha sido objeto de debate a lo largo de la historia (normalmente expresado en términos de la relación entre "Iglesia y Estado"). ¿Tiene el gobierno autoridad sobre la Iglesia? ¿Tiene la Iglesia autoridad sobre el gobierno? ¿Debería existir una separación clara entre ambos?

Durante los primeros siglos después de Cristo, el cristianismo era una religión perseguida, o tolerada en el mejor de los casos. Frecuentemente eran castigados por

---

[79] Carson, *Christ and Culture Revisited*, p. 57, edición Kindle.

negarse a rendir culto a los dioses romanos y al emperador. Bajo Constantino, el cristianismo fue legalizado (el Edicto de Milán, 313) y llegó a ser protegido por el emperador. Él tenía la autoridad para organizar el Concilio de Nicea en el año 325 para resolver debates teológicos. En el año 380, el cristianismo se convirtió en la religión oficial del Imperio romano (el Edicto de Tesalónica).

Durante los siguientes siglos, la Iglesia llegó a ser una institución poderosa con una relación muy cercana con el gobierno civil. Normalmente el Estado tenía mayor autoridad, pero a veces la Iglesia parecía tener autoridad sobre el Estado. La Iglesia parecía tener autoridad sobre el Estado cuando inició las Cruzadas (1095) y pidió a los líderes civiles que llevaran a cabo las batallas. La Inquisición en España (que comenzó en 1478) fue establecida por la monarquía para preservar sus creencias católicas y castigar a los judíos, los musulmanes, y posteriormente también a los protestantes. En este caso, los magistrados civiles tenían autoridad sobre los asuntos religiosos.

En el tiempo de la Reforma, la relación estrecha entre la Iglesia y el Estado todavía existía, y la Iglesia estaba abusando de su poder. Sin embargo, en vez de reconocer la necesidad más profunda de remover las tareas religiosas del gobierno, los reformadores simplemente trataron de cambiar la religión de los países. Esto produjo guerras y persecución. Los anabaptistas fueron al otro extremo, insistiendo en que los cristianos debían separarse totalmente de asuntos del gobierno civil.

Juan Calvino estaba empezando a discernir una solución a este problema, pero a mi juicio no logró ser totalmente consecuente. Él propuso que el Estado gobernara "las costumbres y la conducta exteriores", y que la Iglesia supervisara las cosas del hombre "interior".[80] Sin embargo, cuando Calvino habla de la tarea del gobierno civil, incluye la prevención de la blasfemia y los delitos religiosos. Esto contradice su distinción, ya que se trata de asuntos del "hombre interior". De hecho, estaba de acuerdo con el consejo municipal de Ginebra cuando condenaron a muerte a Miguel Servet por sostener una visión herética de la Trinidad.[81]

Un siglo más tarde, sus seguidores en Inglaterra redactaron la *Confesión de Fe de Westminster*, en medio de los conflictos violentos entre la Iglesia y el Estado. Propusieron que el Estado no debía intervenir en la administración de la Palabra y los sacramentos, sino proteger la Iglesia y garantizar su libertad.

> El magistrado civil no debe arrogarse la administración de la Palabra y de los sacramentos, o el poder de las llaves del Reino de los Cielos; y sin embargo, tiene la autoridad, y es su deber, velar para que la unidad y la paz sean preservadas en la iglesia....[82]

Pero de una manera similar a Calvino, no limitaron suficientemente la tarea del Estado, en mi opinión. Según la versión original de la *Confesión de fe*, el magistrado civil tendría la autoridad para convocar concilios y ayudar a evitar herejías y blasfemias. Debe velar....

---

[80] *Institución*, IV, 20, 1.
[81] "Why did John Calvin have Michael Servetus burned at the stake for heresy?" Got Questions. <https://www.gotquestions.org/Calvin-Michael-Servetus.html> (March 14, 2026).
[82] *Confesión de fe de Westminster y catecismo menor*, trad. Alonzo Ramírez Alvarado (Barcelona: CLIE, 1999), cap. 23, sección III. Traducción de la versión inglesa del año 1647.

...para que la verdad de Dios se conserve completa y pura, para que todas las herejías y blasfemias sean suprimidas, todas las corrupciones y abusos en la adoración y disciplina se eviten o se reformen, y todas las ordenanzas de Dios sean debidamente establecidas, administradas, y cumplidas. Para el mejor cumplimiento de lo anterior, el magistrado civil tiene el poder para convocar Sínodos, y estar presente en ellos, y asegurar que todo lo que en éstos se acuerde, esté conforme con la mente de Dios.[83]

Después del período de la reforma, la Iglesia protestante empezó a hacer más claras las limitaciones del Estado. Incluso, versiones posteriores de la *Confesión de fe de Westminster*, tan temprano como en el año 1788, sacaron la sección citada arriba acerca de herejías y abusos, y acerca de la autoridad del magistrado para convocar sínodos. Claramente niegan el derecho del gobierno de "entrometerse" en los asuntos de la fe. Vea por ejemplo la misma sección citada arriba, pero en una versión del siglo 18:

Los magistrados civiles no deben tomar para sí la administración de la Palabra y de los sacramentos; o el poder de las llaves el reino de los cielos; ni se entrometerán en lo más mínimo en asuntos de la fe. Sin embargo, como padres cuidadosos, es el deber de los magistrados civiles proteger la iglesia de nuestro Señor común, sin dar preferencia a alguna denominación de cristianos sobre los demás, de tal modo, que todas las personas eclesiásticas, cualesquiera que sean, gocen de completa, gratuita e incuestionable libertad, para

---

[83] *Confesión de fe*, CLIE, continuación de sección III, cap. 23, versión 1647.

desempeñar cada parte de sus funciones sagradas sin violencia ni peligro. Y como Jesucristo ha designado un gobierno regular y una disciplina en su iglesia, ninguna ley de Estado alguno debe interferir con ella, estorbar o limitar los ejercicios debidos entre los miembros voluntarios de alguna denominación de cristianos conforme a su propia confesión y creencia.[84]

En esta misma época, cuando se colonizaban los nuevos países en las Américas, la libertad de religión era un tema esencial. Los primeros líderes en los estados Unidos, donde había una variedad de denominaciones, destacaron la "pared de separación" (Thomas Jefferson) entre la religión y el gobierno. La primera enmienda de la constitución dice lo siguiente:

El Congreso no hará ley alguna con respecto a la adopción de una religión o prohibiendo el libre ejercicio de dichas actividades; o que coarte la libertad de expresión o de la prensa, o el derecho del pueblo para reunirse pacíficamente, y para solicitar al gobierno la reparación de agravios.[85]

Los países de América Latina demoraron más tiempo en "desestablecer" la religión oficial, que era el catolicismo (Chile, 1925, Cuba 1902, Guatemala, 1871, México, 1874, Panamá, 1904, Paraguay, 1992, Uruguay, 1919). En Costa Rica, aunque la constitución del año 1949 garantiza libertad

---

[84] *Confesión de fe de Westminster,* trad. Mariano Ávila Arteaga (Distrito Federal: El Faro/Libros Desafío, 1999) Capítulo 23, sección C. Traducción de versión inglesa del siglo 18 (ver p. 11).
[85] Ver *Wikipedia*, "Primera Enmienda a la Constitución de los Estados Unidos" (14 de junio, 2010).

de religión, todavía establece que el catolicismo es la religión oficial. En países como Argentina, la República Dominicana, El Salvador, Honduras, y Perú, el catolicismo tiene un reconocimiento especial en la constitución, pero no es una religión estatal.[86] En el año 1999, Chile otorgó a los protestantes básicamente los mismos privilegios legales que tienen los católicos.

Creo que este breve repaso histórico demuestra que no es una buena idea que la Iglesia tenga autoridad sobre el Estado ni que el Estado tenga autoridad sobre la Iglesia. Sin embargo, no creo que la metáfora de un "muro de separación" sea la más adecuada para explicar la relación apropiada entre los dos. Esa expresión da a entender que ninguna institución debería influir en la otra, como si el muro fuera impenetrable. Prefiero hablar de "fronteras" en lugar de "muros", y de respeto mutuo en vez de una "separación" total. Abraham Kuyper utilizó el término "soberanía de esferas" para referirse a las instituciones humanas. En mi opinión, lo más importante es proteger a la Iglesia de la interferencia del Estado en asuntos de fe y culto.

Cómo usar la ley del Antiguo Testamento hoy

Hay un tema importante que estudiar al considerar cómo influir para lograr mejores leyes: ¿cómo debemos aplicar las leyes del Antiguo Testamento hoy en día? Frecuentemente veo confusión al respecto. Me frustra cuando un pastor es entrevistado en la televisión y no sabe responder cuando el reportero le pregunta sobre los castigos del Antiguo Testamento para ciertos tipos de comportamiento inmoral.

---

[86] Vea Wikipedia, "State Religion": <http://en.wikipedia.org/wiki/State_religion> (15 de junio, 2010), y también "Costa Rica".

Algunos como los "teonomistas" creen que hoy debemos aplicar las leyes del Antiguo Testamento básicamente de la misma manera que en aquella época, y que debemos luchar para que nuestros gobiernos establezcan leyes que cumplan ese propósito.[87] En el otro extremo son algunos que creen que las leyes del Antiguo Testamento ya no tienen ninguna aplicación para nosotros hoy; eran solamente para los judíos de ese tiempo.[88]

Juan Calvino propuso una posición más equilibrada. Hizo una distinción importante entre los aspectos ceremonial, civil, y moral de la ley del Antiguo Testamento. Ya que Jesús vino a hacer el último sacrificio (Hebreos 9:24-28), no tenemos que cumplir el aspecto *ceremonial* de la ley. Es decir, no hacemos sacrificios, y no observamos las ceremonias relacionadas con el templo.

De una manera similar, como el pueblo de Dios ya no es una sola nación política (Israel), sino creyentes de todas las naciones (Mateo 28:19), tampoco se aplican las leyes *civiles* como en aquella época. Estas tenían que ver especialmente con los castigos y con el manejo de propiedades. Por ejemplo, no castigamos con la pena de muerte a las personas que cometen adulterio (Levítico 20:10). Había muchas leyes acerca del uso de propiedades que no tenemos que observar ahora, como el Año de Jubileo (Levítico 25), en que cada cincuenta años las propiedades debían volver al dueño original, los prisioneros hebreos debían ser liberados, y las deudas debían ser canceladas.

No obstante, el aspecto moral que subyace toda la ley, y que es resumido en los diez mandamientos, todavía debe ser

---

[87] Vea, por ejemplo, Greg Bahnsen, *Theonomy in Christian Ethics* [La teonomía en la ética cristiana] (Nutley, N.J.: Craig Press, 1979), p.73.

[88] Vea por ejemplo Lewis Sperry Chafer, *Systematic Theology*, 8 vols. (Dallas: Dallas Seminary Press, 1948) 4:166, 208-210.

guardado. Estos principios éticos universales reflejan el carácter de Dios, y son para toda persona en toda época. Estos principios éticos están entretejidos en toda la ley. Aun el aspecto civil contiene enseñanzas de *principios generales* de justicia, sin tener que observar los detalles de la ley de la misma manera que durante el Antiguo Testamento. Por ejemplo, todavía es un pecado cometer adulterio y todavía es un pecado ser egoísta con las posesiones materiales. Además, las leyes ceremoniales también contienen verdades espirituales. Por ejemplo, los sacrificios apuntan al sacrificio que Jesús hizo en la cruz por nosotros. Es decir, no observamos los aspectos civil y ceremonial como en aquella época, pero encontramos enseñanzas importantes en ellos.[89] La Confesión de fe de Westminster también enseña la distinción entre estos tres aspectos. (Vea capítulo 19).

ASPECTO DE LA LEY   CÓMO USARLO HOY

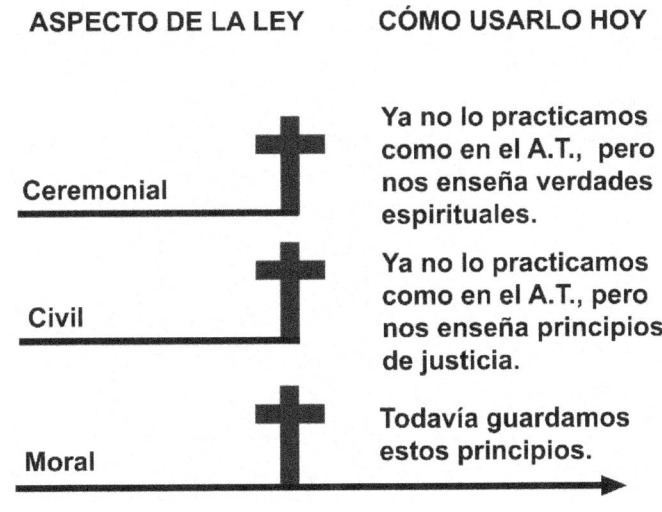

Ceremonial	Ya no lo practicamos como en el A.T., pero nos enseña verdades espirituales.
Civil	Ya no lo practicamos como en el A.T., pero nos enseña principios de justicia.
Moral	Todavía guardamos estos principios.

---

[89] Vea Juan Calvino, *Institución,*(IV,20,15, II:1181. Vea también sus comentarios sobre el Pentateuco: *Commentaries on the Four Last Books of Moses Arranged in the Form of a Harmony,* trans. Charles William Bingham, 4 tomos (Edinburgh: The Calvin Translation Society, 1843) 1:498-502.

Esto cambia la manera en que intentamos influir en las leyes del gobierno civil. No deberíamos pedirle al gobierno que aplique los aspectos civiles o ceremoniales de la ley como fue estipulado en el Antiguo Testamento.

¿Cuál es la mejor forma de gobierno?

Hay distintas maneras de clasificar las formas de gobierno, y puede ser confuso, porque algunas formas se traslapan. Explicaremos algunos términos importantes que ayudarán a distinguir entre las formas más comunes.[90]

Monarquía: Durante la historia, incluyendo la historia bíblica, la mayoría de los gobiernos han sido monarquías. Esto significa que un rey o una reina hereda el derecho para reinar por ser la próxima persona en la línea de sucesión de la familia real. En una monarquía absoluta, el que gobierna tiene poder sobre todo, pero en muchas monarquías, el poder es limitado por una constitución o por otra rama del gobierno.

República: En una república, el poder para gobernar descansa en el pueblo, que elige a representantes para tomar las decisiones, siguiendo las pautas de una constitución. No tienen rey ni reina.

Democracia: También se refiere a un sistema de gobierno en que el poder para gobernar descansa en el pueblo. Hay básicamente dos tipos: a) En una "democracia representativa", los ciudadanos eligen a representantes para tomar decisiones por ellos. Aunque algunos hacen una distinción, para nuestros propósitos en este libro,

---

[90] Vea https://examples.yourdictionary.com/, Wikipedia.org, https://www.merriam-webster.com/dictionary, https://thebestschools.org/magazine/common-forms-of-government-study-starters/, https://www.scholastic.com/teachers/articles/teaching-content/government/

consideraremos una "democracia representativa" sinónimo con una "república". Más de la mitad de las naciones en el mundo hoy se pueden describir así. b) En una "democracia directa", la gente vota directamente en todas las decisiones, en lugar de elegir a representantes.

Dictadura: En esta forma de gobierno, una sola persona, o un pequeño grupo de personas, tiene poder absoluto. En contraste con una monarquía típica hoy, el poder para gobernar se obtuvo por fuerza, y se ejerce por fuerza, como en una dictadura militar, por ejemplo.

Totalitarismo: Este término describe el alcance del poder ejercido por el gobierno. Indica que pretende controlar cada aspecto de la sociedad, incluyendo los medios de comunicación y la economía, dejando poca libertad personal. Utilizan medios represivos para mantener el control. Esto podría ser una dictadura, y podría ser un sistema de gobierno por un solo partido.

¿Cuál es mejor?

Conociendo el poder del pecado y del egoísmo, creo que un gobierno que incluye una constitución, un sistema de mutua rendición de cuentas, y una manera de compartir el poder para tomar decisiones, como una república o una democracia representativa, normalmente será mejor. Además, después de considerar la tarea del Estado, parece sabio mantener liviano y limitado el poder del gobierno, garantizando un nivel alto de libertad personal, mientras frena la injusticia. Sin embargo, deberíamos tener cuidado en suponer cómo estos principios serían aplicados en contextos y culturas que no conocemos bien.

Otras sugerencias prácticas

Después de convertirnos a Cristo, parte de nuestro crecimiento espiritual incluye nuestra responsabilidad como ciudadanos de nuestro país. Podemos trabajar para mejorar nuestro gobierno sin confundir la política con el reino de Dios. Si bien no podemos esperar que la política transforme a las personas, sí podemos esperar que las personas transformadas tengan un impacto positivo en su gobierno.

¿Pero cómo? Aquí hay algunas sugerencias:

a) Una forma importante de influir positivamente en nuestro gobierno es de mantenernos informados y votar responsablemente. Recomiendo examinar las posiciones expresadas y la trayectoria de los candidatos. También creo que su carácter es igual de importante. Su integridad personal determinará cómo toman decisiones y cómo actúan como políticos. Un candidato puede hacer promesas que apoyamos, pero si es deshonesto, no las cumplirá.

b) También puede haber ocasiones en que sea apropiado escribir a un gobernante o participar en una protesta pacífica.

c) Algunos cristianos incluso pueden ser llamados a ocupar cargos públicos, como Abraham Kuyper en los Países Bajos y muchos otros cristianos en otros lugares.

d) Debemos renovar nuestra mente y enseñar las pautas bíblicas acerca temas actuales y asuntos éticos.

e) La Iglesia también tiene un papel profético para denunciar la injusticia y defender la libertad y la moralidad. Sin embargo, cuando las iglesias o los líderes hablan públicamente o en representación del pueblo de Dios, deben estar absolutamente seguros de que pueden defender lo que dicen desde las Escrituras, al igual que cuando un pastor predica en el púlpito. La *Confesión de Fe de Westminster* recomienda que los concilios de la Iglesia no deben "entrometerse" en los asuntos civiles excepto en casos "extraordinarios".

> Los sínodos y concilios deben tratar y decidir solamente asuntos eclesiásticos; y no deben entrometerse en asuntos civiles que conciernen al Estado, a no ser por medio de humilde petición, en casos extraordinarios, o por medio de consejo para la satisfacción de la conciencia, si les es solicitado por el magistrado civil.[91]

f) Creo que es peligroso cuando las iglesias y sus líderes se identifiquen púbicamente con candidatos o partidos políticos específico. Después de pasar tiempo en muchos países, he visto que esto puede causar que la Iglesia pierda su credibilidad y su voz profética con una gran parte de la población. Además, nunca puede estar seguro cómo los candidatos vayan a comportarse una vez que estén en oficio. Debemos mantenernos por encima de la política de este mundo, libres para denunciar la maldad en cualquier personaje o partido político, y bienvenidos para dar consejo a cualquier gobernante. Como dice Carl Trueman, "El evangelio no puede ni debe identificarse con posturas políticas partidistas."[92]

g) Si como cristianos queremos contribuir a mejorar nuestro gobierno, debemos animar a nuestros políticos a que promulguen leyes que estén en armonía con la Palabra de Dios. Sin embargo, estas leyes deben tratar asuntos de justicia y orden entre las personas o las instituciones, no

---

[91] Capítulo 31, sección 5.
[92] Carl R. Trueman, *Republocrat; Confessions of a Liberal Conservative* [Republocrat; confesiones de un conservador liberal] (Philipsburg, NJ: P&R Publishing, 2010), p. xxv.

asuntos personales ni religiosos, y tampoco asuntos privados donde nadie resulte perjudicado o tratado injustamente.

h) Estoy de acuerdo con la afirmación de Calvino de que el gobierno civil solo debería supervisar la moralidad externa. (Como se mencionó anteriormente, no fue coherente con esto). Esto significa que no todo pecado necesita una ley civil que lo prohíba. Por ejemplo, el gobierno no debería castigar a alguien por tener pensamientos pecaminosos como la envidia, la lujuria o la ira. Nuestros pensamientos pueden ser pecaminosos, pero no deberían ser castigados por el gobierno como un delito. Sin embargo, el asesinato sí debería ser castigado. El gobierno no debería castigar a las personas por creer en otra religión en lugar del cristianismo. En general, no deberíamos dejar que el gobierno decida en qué creemos ni cómo practicamos nuestra fe. Sin embargo, si un miembro de otra religión mata a un cristiano porque cree que su religión lo exige, debería ser castigado por eso.

En Estados Unidos, podríamos intentar influir para mejorar las leyes relacionadas con temas como el aborto, pautas económicas justas (vea el siguiente capítulo para más análisis sobre la economía), la eutanasia, los derechos de las mujeres, el racismo, el cuidado de los enfermos y de las personas mayores, y la guerra.

i) Es importante respetar la libertad religiosa, incluso para otras religiones. Creo que debemos intentar promover valores y moralidad cristiana, pero eso no significa que debiéramos imponer nuestra fe a los demás.

Os Guinness arguye que es más importante ahora que nunca que los cristianos insistamos para nosotros, y que permitamos para otros, libertad de expresión y libertad de religión. Considera que esto es uno de los asuntos más importantes de nuestros tiempos, y le preocupa que algunos grupos cristianos estén confundidos acerca del tema. En primer lugar, debemos tratar a otros de la manera en que queremos que otros nos traten, y esto incluye la libertad de convicciones y de prácticas religiosas. En segundo lugar, si no luchamos por esta libertad para todos, es muy probable que seamos nosotros los cristianos quienes perdamos nuestros derechos la próxima vez.[93]

Preguntas de repaso

1. ¿Cuál es la distinción que hace Kuyper entre un desarrollo "mecánico" y un desarrollo "orgánico" de instituciones sociales?

2. ¿Cuáles son los pasajes bíblicos clave para comprender la tarea del gobierno civil?

3. Según el autor, ¿cuáles son las tareas del gobierno civil? ¿Qué analogía utiliza?

4. ¿Qué nos enseña la historia de Israel sobre la identidad del Pueblo de Dios?

5. ¿Qué nos enseña el Nuevo Testamento acerca de cómo se establece el reino de Dios?

6. ¿Qué enseñó Jesús, usando una moneda, acerca de la relación de los cristianos con el gobierno civil (Mateo 22:15-22)?

7. Explique brevemente cómo se relacionaron la Iglesia y el Estado en los primeros siglos, luego desde la época de Constantino hasta la Reforma, durante la Reforma y, finalmente, después de la Reforma.

8. Según Calvino, ¿cuál es la diferencia entre la función del gobierno civil y la función de la Iglesia?

9. ¿Qué decía la versión original de la *Confesión de Fe de Westminster* sobre el deber del Estado en relación con la Iglesia?

---

[93] Os Guinness, *The Case for Civility*.

10. ¿Cómo modificaron las versiones posteriores de la *Confesión de Fe de Westminster* las afirmaciones de la versión original respecto a la autoridad del magistrado civil?

11. Según el autor, ¿cómo debería relacionarse el gobierno civil con la Iglesia?

12. Describa los tres aspectos de la ley del Antiguo Testamento y explique cómo deberían aplicarse hoy en día.

13. Describa brevemente los siguientes términos: monarquía, república, democracia (representativa y directa), dictadura y totalitarismo.

14. ¿Cuáles son las observaciones generales del autor sobre las características de un buen sistema de gobierno?

15. ¿Cuáles son las sugerencias prácticas que ofrece el autor sobre cómo los cristianos deberían intentar influir en el gobierno civil?

Preguntas de reflexión

1. ¿Qué opina usted acerca de la tarea del gobierno civil?

2. ¿Qué opina usted acerca de cómo debe ser la relación entre la Iglesia y el Estado?

3. ¿Cuál es su opinión acerca del rol que el gobierno civil debe tener en áreas como la educación y el cuidado médico?

4. ¿En qué circunstancias el gobierno debe intervenir en asuntos como el uso del Internet, televisión, y otros medios de comunicación?

5. ¿En qué circunstancias el gobierno debe intervenir en asuntos del comercio?

6. ¿Qué opina? ¿Cuál es la mejor forma de gobierno? Explique por qué.

7. ¿Cómo ha cambiado su perspectiva acerca de la política

después de estudiar esta lección?

8. ¿El tema de la política es muy polémico entre los hermanos de su iglesia? ¿Cuáles son las actitudes que enfrenta al tocar este tema?

6. Hacia un enfoque cristiano de la economía

La economía es otro tema potencialmente conflictivo, y tendremos que asumir una actitud de humildad, dispuestos a escuchar y dialogar. Nuestros pensamientos iniciales sobre lo que la Biblia dice acerca de la economía podrían enfocar en las leyes del Antiguo Testamento para Israel, algunos Proverbios sobre la honestidad y la responsabilidad, las exhortaciones de los profetas sobre el deber de ayudar a los pobres, las enseñanzas de Jesús de que no debemos preocuparnos por las cosas materiales y que debemos ayudar a los necesitados. También podríamos pensar en cómo la iglesia primitiva compartía todas las cosas (Hechos 2:44-45 y 4:32-35) y cómo Pablo nos exhorta a dar voluntariamente y con alegría (2 Corintios 8:1-15). Tal como mencionamos anteriormente acerca de la política, la Biblia también ha sido usada y abusada para defender una amplia variedad de puntos de vista acerca de la economía. En esta breve introducción, explicaremos dos filosofías económicas básicas, el capitalismo y el socialismo, así como las causas de la inflación y la pregunta de por qué América Latina es más pobre que los Estados Unidos o Europa. Analizaremos algunos pasajes bíblicos y daremos algunas sugerencias tentativas. Nuevamente, esto solo tiene la intención de iniciar una conversación respetuosa sobre este tema complejo.

El capitalismo

El valor clave del capitalismo es la libertad. Ponen énfasis en la propiedad privada, la competencia, y el mercado libre. Los medios de producción y la distribución de bienes se manejan privadamente. Aunque se practicaban los principios del capitalismo en muchos lugares antes, se considera a Adam Smith (escocés) el padre filosófico y el defensor del concepto. En 1776, publicó *La riqueza de las naciones,* en que propone que hay una "mano invisible" que guía la economía según el interés propio. Observó la "ley de demanda y oferta": cuando hay más demanda, suben los precios, y cuando hay más competencia, bajan los precios. Opinaba que, si todos buscan su propio bien, a lo largo todos se beneficiarán.

"No es por causa de la benevolencia del carnicero ni del cervecero, ni del panadero que esperamos nuestro almuerzo, sino por causa de un interés propio".[94]

El capitalismo dio comienzo a la revolución industrial en Inglaterra, junto con el motor de vapor. La producción y el consumo aumentaron en Inglaterra en un 1.600% durante el siglo diecinueve. En Europa se abrieron fábricas de tejido (en Bélgica y Francia) y de acero (en Alemania). En los Estados Unidos se construyeron canales y trenes. El lado triste de la revolución industrial fue el abuso de los obreros, incluyendo a los niños que trabajaban largas horas en las fábricas de Inglaterra. Estas son las cosas que observó Carlos Marx y que le movieron a plantear otro sistema económico.

Hay distintas expresiones del capitalismo. Algunos gobiernos tienen más control que otros. La mayoría maneja ciertos aspectos de la economía, como la construcción de

---

[94] Adam Smith, *An Inquiry into the Nature and Causes of the Wealth of Nations* [Una investigación sobre la naturaleza y causas de la riqueza de las naciones], Harvard Classics, vol. 10 (New York: P. F. Collier and Son, 1909), 20. Vea versión en español en el siguiente sitio: <http://www.elortiba.org/pdf/Adam_Smith_-_La_riqueza_ de_las_ naciones.pdf> (1 de junio, 2010).

carreteras, el correo, y otros servicios importantes. Muchos gobiernos capitalistas prohíben monopolios, regulan otros aspectos del comercio, y aseguran que haya un buen cuidado de salud y suficientes beneficios para jubilados. Aunque el término parece una contradicción en sí, algunos llaman la economía de China "capitalismo estatal".[95]

Los capitalistas insisten que su sistema produce incentivo de trabajo, y que ha mejorado la economía de muchos países, algo difícil de refutar. Por ejemplo, Paul Romer, quien era profesor de economía de la *Universidad de Stanford*, apunta a Hong Kong, ciudad china gobernada por los británicos durante el siglo XX. Con bajos impuestos, menos restricciones, y leyes que protegían los derechos de propiedad privada, los residentes de esta ciudad llegaron a ser diez veces más ricos que los otros chinos. Tuvo tanto éxito que los gobernantes de China decidieron copiar el modelo en otras zonas. Según Romer, esto causó una mejoría grande en toda la economía de China, con el resultado de que alrededor de 100 millones de chinos salieron de la extrema pobreza (definido por un ingreso de US$1 / día).[96]

Los críticos del capitalismo sostienen que produce una desigualdad injusta, en que "los ricos se hacen más ricos y los pobres se hacen más pobres." Por ejemplo, algunos señalan al hecho de que, en los Estados Unidos actualmente, el 1 por ciento más rico de la población posee más de un tercio de la riqueza, mientras que el 50 por ciento inferior posee sólo el 2 por ciento de la riqueza total. [97]

---

[95] Sebastian Mallaby, "The Politically Incorrect Guide to Ending Poverty" [La guía políticamente incorrecta para terminar con la pobreza], *Atlantic* 306 (julio-agosto, 2010), p. 102.

[96] Sebastian Mallaby, pp. 96-98.

[97] "Trends in the Distribution of Family Wealth, 1989 to 2019," Congressional Budget Office <https://www.cbo.gov/publication/58533> (publicado en septiembre, 2022, visto el 20 de octubre, 2023)

El socialismo

En los sistemas socialistas, el gobierno controla más aspectos de los medios de producción, la distribución de bienes y otros servicios. El valor clave del socialismo es la *igualdad*. Enfatizan la cooperación y el servicio social, y tratan de evitar diferencias excesivas entre ricos y pobres.

Existía un movimiento socialista en Francia e Inglaterra durante los siglos 18 y 19, al comienzo de la revolución industrial, como una reacción a los problemas que veían en ella. Algunos autores defendían el concepto del socialismo, y animaban a hacer experimentos sociales, en que los participantes tenían sus bienes en común, repartían el trabajo igualmente, y tenían los medios de producción y objetos de consumo en común. Esto ha sido llamado "socialismo utópico".[98]

Sin embargo, Carlos Marx es considerado el padre del socialismo, y su defensor más conocido.[99] Marx (1818-1883) estudió la historia según las leyes empíricas, y concluyó que la estructura económica era la base fundamental de la sociedad que determinaba su historia. Enfatizó la lucha de las clases como la causa de los cambios.[100] Dijo en el *Manifiesto*: "La historia de toda la sociedad es la historia de la lucha de las clases".[101] Creía que la religión era el "opio del pueblo" y que, para ser verdaderamente feliz, era necesario "abolir la

---

[98] Encyclopaedia Britannica, <http://www.britannica.com/EBchecked/topic/620790/-utopian-socialism > (1 junio, 2010). Algunos autores eran Francois Babeuf (1760-1797), Henri de Saint Simon (1760–1825), Charles Fourier (1772-1837), y Robert Owen (1771-1858).
[99] Vea los artículos de *Wikipedia* sobre estos autores y sobre temas como "el socialismo". <http://es.wikipedia.org >
[100] Arthur F. McGovern, *Marxism, an American Perspective* [El Marxismo; una perspectiva americana] (Maryknoll, New York: Orbis Books, 1980), pp. 11-36.
[101] *Manifesto of the Communist Party*, capítulo 1, citado en *The Marx and Engels Reader*, ed. Robert C. Tucker (New York: W.W. Norton and Company, 1978), p. 473.

religión", porque era una felicidad "ilusoria". La verdadera salvación de la humanidad sería la formación de una nueva sociedad justa.[102] Para Marx, la revolución era inevitable. El proletariado se rebelaría en contra de la burguesía. Fue menos claro acerca de cómo establecer el socialismo después de que los obreros tomaran el poder. Hablaba de la "dictadura del proletariado" como una etapa de transición hacia la desaparición total del Estado, pero no explicó los detalles.[103]

Los seguidores de Marx desarrollaron estrategias muy distintas. En Alemania, Engels apoyó la reforma sin revolución. Se formó el partido socialdemócrata, que buscaba el poder político dentro del sistema existente, sin promover una revolución violenta. En Rusia, al contrario, Lenin sostenía que se necesitaba un partido "vanguardia" de revolucionarios intelectuales para concientizar a los obreros, y que la revolución violenta era necesaria para lograr el socialismo. Los "bolchevique" (la "mayoría") siguieron a Lenin, y los "menchevique" (la "minoría") se le opusieron. Después, Stalin estableció un totalitarismo cruel; envió a millones a Siberia y ejecutó a muchos líderes.[104] Algunos estiman que alrededor de 20 millones murieron en campos de trabajo y por colectivización forzada, hambre, y ejecuciones durante su régimen.[105]

---

[102] Karl Marx, *Critique of Hegel's Philosophy of Right* [Crítica de la filosofía de derecho de Hegel], from *Cambridge Texts in the History of Political Thought, Marx, Early Political Writings*, ed. Joseph O'Malley (Cambridge: Cambridge University Press, 1994), 57-58. Vea también McGovern, *Marxism*, p. 20.

[103] McGovern, *Marxism*, p. 37.

[104] McGovern, *Marxism*, pp. 51-64.

[105] "Major Soviet Paper Says 20 Million Died As Victims of Stalin" New York Times, Feb. 4, 1989. <https://www.nytimes.com/1989/02/04/world/major-soviet-paper-says-20-million-died-as-victims-of-stalin.html> (4/12/2021)

Es importante distinguir entre formas extremas de socialismo, en las que el Estado controla todo, y formas moderadas, en las que servicios como la salud y la educación están controlados por el Estado, pero no todo. También debemos notar que algunos países tienden a ir y venir entre economías más capitalistas y economías más socialistas, dependiendo del partido político dominante en ese momento. El término "comunista" ha llegado a ser asociado con las formas más extremistas del socialismo combinado con un gobierno totalitario de un solo partido.

Europa

Los países europeos han sido difíciles de clasificar durante el siglo pasado. Un autor expresó el siguiente análisis en el año 1951:

> Para muchas personas en los Estados Unidos, los socialistas europeos parecen peligrosamente cercanos al comunismo y una amenaza para el estilo de vida estadounidense. Sin embargo, los funcionarios estadounidenses en el extranjero tienen motivos para entenderlo mejor. Han encontrado que los líderes socialistas europeos se encuentran entre los defensores más valiosos de las políticas estadounidenses en la guerra fría contra el comunismo. ... De hecho, hoy en día los socialistas están interesados principalmente en el bienestar social y en cierto grado de planificación económica.[106]

---

[106] "Socialism in Europe" The Atlantic, [Socialismo en Europa] Feb., 1951, <https://www.theatlantic.com/magazine/archive/1951/02/socialism-in-europe/639466/> (Traducido por el autor.)

Es decir, han adoptado formas más moderadas del "socialismo", que realmente no tienen mucho en común con el marxismo o el leninismo. Los líderes han llegado al poder por un proceso democrático, y básicamente tienen sistemas económicos que buscan eliminar diferencias drásticas entre los ricos y los pobres. La clave está en cobrar impuestos más altos para poder proveer servicios a los ciudadanos, especialmente la educación y la atención médica. En Dinamarca, por ejemplo, los impuestos individuales varían entre 38% y 59%. En Holanda, pueden llegar a 52% para algunos.[107]

Un artículo más reciente publicado por la *University of Cambridge Press* divide Europa en tres categorías:

En términos generales, entonces, Europa está dividida en tres zonas según el grado de poder del socialismo democrático: Europa del Este –limitada al Oeste por una línea que va desde Trieste a Lübeck– donde los partidos socialistas democráticos han sido absorbidos por los partidos comunistas; Europa noroccidental —Gran Bretaña y los países escandinavos (Noruega, Suecia, Dinamarca)— bajo influencia socialista predominante; y el resto de Europa continental, donde los socialistas son un grupo de oposición que puede ser más poderoso o menos poderoso.[108]

---

[107]"The Complete Worldwide Tax and Finance Site": <http://www.worldwide-tax.com> (1 de junio, 2010).

[108] "Democratic Socialism in Europe," World Politics, Cambridge Core [El socialismo democrático en Europa] extracto de un artículo publicado el 18 de julio, 2011, Cambridge University Press. (Traducido por el autor). <https://www.cambridge.org/core/journals/world-politics/article/abs/democratic-socialism-in-europe/9919C742691605DE158C13394E416349>

Actualmente, la influencia de partidos derechistas ha crecido en un número de países de Europa.

América Latina

En América Latina, los países han vacilado entre dictaduras militares y democracias, entre sistemas capitalistas y sistemas socialistas. Con la teología de la liberación, el movimiento marxista se hizo amigo con algunas ramas del cristianismo. Fidel Castro dijo una vez que estaba maravillado porque "los teólogos se están convirtiendo en marxistas y los marxistas se están convirtiendo en teólogos"[109]. La situación de algunos países se complica con una reacción en contra del predominio económico y cultural de Europa y los Estados Unidos. A veces es difícil saber qué influye más, el deseo de independizarse de esa influencia, o un ideal propio.

Por ejemplo, algunos dicen que Fidel Castro empezó luchando para independizarse de España y los Estados Unidos, sin ser socialista. Dicen que se convirtió en socialista cuando EE.UU. vio la revolución como comunista, boicoteó a Cuba, e invadió la Bahía de Cochinos. Otros como Peter Bourne, en su biografía, *Fidel*, opinan que Castro ya tenía ideas socialistas antes de llevar a cabo la revolución. Estudió mucho cuando estaba en la cárcel después de su primer intento revolucionario, y salió con una ideología formada. Opina que también mucho del impulso de Castro fue por su admiración de previos libertadores. [110]

---

[109] José Míguez Bonino, *Christians and Marxists: The Mutual Challenge to Revolution* [Cristianos y marxistas; el desafío mutuo a la revolución] (Grand Rapids: Eerdmans, 1976), p. 15.
[110] Peter G. Bourne, *Fidel: a biography of Fidel Castro* (New York: Dodd, Mead, 1986).

Sugerencias

Los defensores del socialismo insisten que su sistema busca mayor igualdad y que tiene las prioridades correctas, poniendo más atención a los servicios médicos, la educación, la alimentación, y los servicios básicos en general. Sus críticos dicen que el Estado socialista fácilmente llega a ser demasiado poderoso, y que se pierde libertad personal. También manifiestan que no ha dado buenos resultados, que no ha producido economías que realmente hayan ayudado a los pobres. Aun las formas moderadas del socialismo frecuentemente producen una falta de incentivo y mucha burocracia complicada.

Yo diría que, si el sistema no funciona, todos sufren. Pero tampoco es justo tener un sistema que funciona bien, cuando los beneficios son principalmente para una minoría pequeña. Winston Churchill dijo, "El vicio inherente del capitalismo es el desigual reparto de los beneficios. La virtud inherente del socialismo es el reparto equitativo de la miseria." [111] Necesitamos una economía sólida que anima el incentivo y protege la libertad personal, pero que también garantiza la compasión y la justicia.

¿Por qué es más pobre América Latina?

Esta pregunta es importante como un caso para estudiar la economía. Nos ayudará a comprender varias cuestiones importantes. Además, se ha convertido en una prueba para ver qué convicciones y presuposiciones económicas tiene una persona.

---

[111] Ivan B. Tucker, *Fundamentos de la economía* (Stamford, Connecticut: Thomson International, 2002), p. 489.

1) Una respuesta liberacionista

La respuesta de la teología de liberación a esta pregunta clave es que la relativa pobreza de América Latina, comparada con los Estados Unidos y Europa, se debe a la injusticia y la opresión de parte de los países capitalistas dominantes. Según José Míguez Bonino, el capitalismo favorece al fuerte y poderoso, que eleva la producción económica por sobre el desarrollo humano.[112] Los países más pobres viven dependientes de los ricos, los cuales manejan todo para su propio beneficio. Como dice el refrán, "El que paga la orquesta manda el baile". Bonino reclama que, desde la colonización, cuando España llevó el oro y la plata, "el subdesarrollo latinoamericano es la sombra del desarrollo nordatlántico"[113]. Uno de los ejemplos favoritos de los marxistas es el caso de Chile. Según ellos, cuatro compañías de cobre norteamericanas llevaron de Chile casi US$11 billones durante un período de 60 años, ¡supuestamente más que todo el producto bruto nacional de todo el país en toda su larga historia previa de 400 años![114]

2) Una respuesta capitalista

Michael Novak, en *El Espíritu del capitalismo democrático*, provee otra perspectiva.[115] Dice que no es justo culpar solamente al extranjero. Incluso, América Latina no siempre ha sido más pobre. En el año 1850, el ingreso por persona de América Latina era casi igual que en EE.UU. Además, el intercambio económico a veces ha favorecido a

---

[112] José Míguez Bonino, *Christians and Marxists*, p. 115.
[113] José Míguez Bonino, *La fe en busca de eficacia* (Salamanca: Ediciones Sígueme, 1977), p. 39.
[114] McGovern, *Marxism*, pp. 211-215.
[115] Michael Novak, *The Spirit of Democratic Capitalism* [El espíritu del capitalismo democrático] (New York: Simon and Schuster, 1982), capítulos 16, 17 y 18, pp. 272-314.

América Latina. En el año 1892, los EE.UU. exportó US$ 96 millones a América Latina y América Latina exportó US$ 290 millones a EE. UU. Novak arguye que los EE.UU. invirtieron tanto o más en países como Alemania y Japón, sin producir dependencia o pobreza.

Para contestar la acusación de que EE.UU. gana una cantidad enorme e injusta con sus inversiones en América Latina, Novak dice que habrían ganado más todavía si hubiesen depositado el mismo dinero en un banco en EE.UU. Para refutar el argumento de que EE.UU. se desarrolla a costa de los países más pobres, apunta al hecho de que el 80% de sus inversiones están en países desarrollados.

¿Cuál es la causa de la pobreza en América Latina, entonces? Sin negar que haya habido abusos e injusticias, Novak destaca otros factores:

a) *La población*
En 1940 EE.UU. y América Latina tenían la misma población: 130 millones. En 1977 EE.UU. tenía 220 millones, mientras América Latina tenía 342 millones.

b) *La mentalidad católica anticapitalista*
En Europa, durante la contrarreforma, la Iglesia estaba estrechamente relacionada con el gobierno, y así se aplastaba el esfuerzo capitalista. Los capitalistas abandonaron los países católicos, y fueron a los países protestantes, donde tuvieron éxito. Los gobiernos de los países católicos restringían la empresa privada, y daban licencia para monopolios estatales. Esto sucedió especialmente en los países dependientes de España, impidiendo iniciativa y crecimiento económico.

c) *La estructura social importada de España*

Además, los españoles exportaron a América Latina la estructura social dualista de señor/siervo. Este sistema también impedía la libertad y desanimaba la iniciativa privada.

Novak opina que la economía en general no está tan débil en América Latina, comparada con otras regiones del mundo. Sin embargo, la distribución de los ingresos ha sido desigual.

La Inflación

La inflación es uno de los peores enemigos de la economía. Comúnmente se observa la inflación como un aumento en los precios. Sin embargo, la inflación fundamentalmente significa que el dinero tiene menos poder de compra. ¿Cuál es la causa?

Gary North es un economista cristiano reformado, autor de más de cincuenta libros, conocido por su posición libertaria. Aunque no comparto su posición extremista y teonomista acerca de la ley y la política, me parece que tienen bastante sentido algunos de sus comentarios acerca de la inflación.[116] Analiza las siguientes causas:

a) Debilitar el metal de las monedas

North observa que, en la Roma antigua, cuando el gobierno quería hacer más monedas, en vez de buscar más oro o plata, simplemente sacaban un pedazo de la orilla de las monedas existentes, y usaban el metal para hacer monedas nuevas. Hoy se hace lo mismo, haciendo monedas

---

[116] Gary North, *An Introduction to Christian Economics* [Introducción a la economía cristiana] (Nutley, New Jersey: Craig Press, 1974), pp. 29-43.

"sándwich" (por ejemplo, con plata por fuera y cobre por dentro), o cambiando el metal totalmente (cobre en vez de oro, o níquel en vez de plata). El resultado de esta maniobra es que cada moneda vale menos, lo cual equivale a inflación. Isaías condena a Jerusalén por convertir su plata en "escoria" y por mezclar agua con su vino (Isaías 1:21-22).

b) Hacer dinero sin respaldo de metales preciosos

Los metales preciosos tienen valor intrínseco, debido a su belleza y su escasez. Originalmente, la mayoría de los países tenía respaldo de oro por todo el dinero. Por cada billete de un dólar, había un pedazo de oro de ese valor representado por el pedazo de papel. Después, los gobiernos comenzaron a imprimir muchos billetes más, sin suficientes fondos de oro. Si todo el mundo fuera a pedir oro por sus billetes ahora, no habría suficiente.

Muchos países abandonaron el respaldo de oro en 1914, el año en que comenzó la Primera Guerra Mundial. Estados Unidos vaciló un tiempo entre un respaldo total, ningún respaldo, y un respaldo parcial, hasta la presidencia de Nixon, cuando se puso fin a la política de apoyar los billetes con oro. North opina que esto equivale falsificar billetes. El resultado es que cada billete vale menos en el mercado, lo cual significa inflación.

¿Por qué "vale menos" cada billete? Supongamos una situación: Hay cien billetes de un dólar en existencia, cien personas en existencia, cada persona tiene un dólar, y se venden cincuenta botellas de refresco por un dólar cada una. Cincuenta personas pueden comprar un refresco, ¿verdad? Todos tienen suficiente dinero para comprar uno. Si todos quieren uno, será cuestión de vender a las primeras cincuenta personas que llegan. Ahora supongamos que empezamos con la misma situación de cien billetes, cien personas, y cincuenta refrescos, pero que ahora el gobierno imprime cincuenta billetes adicionales y los distribuyen a cincuenta personas. Ahora cincuenta personas tienen dos dólares, y cincuenta personas tienen sólo un dólar. Supongamos que se venden cincuenta refrescos de nuevo. Si el vendedor es astuto, se dará cuenta de que enfrenta una buena situación: ¡él puede subir el precio a dos dólares y todavía vender todos los refrescos! Ahora ¿quién puede comprarlos? Obviamente los que tienen dos dólares están con una ventaja. El que tenía un solo billete antes no ha hecho nada, pero su billete ha bajado en poder de compra. Así funciona la inflación. Por supuesto, la historieta está muy simplificada, pero el concepto es válido.

North explica que los bancos modernos tienen su origen en la Edad Media, cuando alguien podría dejar sus monedas con el banquero (frecuentemente un orfebre), quien les daba una nota en papel. Pronto los banqueros se dieron cuenta de que muchos no pedían sus monedas cuando volvían a hacer un intercambio, sino que solamente intercambiaban sus notas. Así que los banqueros empezaron a hacer préstamos, aun más allá del dinero que tenían guardado. De repente estaban circulando muchas notas, es decir, mucho "dinero", sin tener el respaldo de monedas. El resultado es que el dinero vale menos en la competencia del mercado, tal como vimos en el caso de los refrescos. Si todos quisieran pedir sus monedas de una vez, quebraría el banco. Los gobiernos actuales hacen lo mismo cuando imprimen billetes (o hacen más dinero electrónicamente) sin respaldo. Lo triste es que esta inflación perjudica especialmente a los más pobres.[117]

---

[117] North, pp. 21-22.

c) El sistema de inversiones con intereses ("reservas fraccionales")

Hoy en día también se permite que los bancos sigan el modelo de los orfebres de la Edad Media, en el sentido de que solamente tienen que guardar un porcentaje pequeño del dinero depositado. Este porcentaje puede variar, normalmente alrededor de diez o veinte por ciento, y depende del país. El resto lo pueden prestar. Este sistema se llama "reservas fraccionales". Supongamos que el porcentaje son 10% (el requisito legal en EE.UU. en 2006).[118] Esto significa que una persona puede depositar mil dólares, y cuando el banco ha terminado de manejar este dinero, al final "existen" como 10 mil dólares en circulación. El resultado es que cada dólar vale menos para competir en el mercado (= inflación). La matemática es así en el caso de 10% reservado:[119]

Persona # 1 tiene $1.000 y los deposita en el banco.
El banco guarda $100 y presta el resto ($900) a persona # 2.
Persona # 2 tiene $900 y los deposita en otro banco.
El banco guarda $90 y presta el resto ($810) a persona # 3.
Persona # 3 tiene $810 y los deposita en otro banco.
El banco guarda $ 81 y presta el resto ($729) a persona # 4.
Persona # 4 tiene $729, etc., etc.

Si continuamos este ejercicio ad infinitum (y no hemos agregado los intereses que paga el banco por las inversiones), ¡el total de dinero que "existe" son como

---

[118] Federal Reserve Bank of New York, "Reserve Requirements" [Requisitos de Reservas], <http://www.newyorkfed.org/aboutthefed/fedpoint/fed45.html> (10 de agosto, 2010).
[119] North, pp. 32-33. North hace el cálculo con $100. También el artículo "Reserve Requirements" citado arriba.

$10.000! La persona #1 todavía tiene $1.000, #2 tiene $900, #3 tiene $810 etc. Fíjese que el dinero se multiplicó sin hacer casi nada. El trabajo invertido fue mayormente el tiempo de los empleados en recibir o prestar el dinero y manejar las cifras en la computadora. El resultado: Aunque la persona #1 está ganando dinero con los intereses, hay diez veces más dinero en circulación, así que cada dólar tiene menos poder de compra (=inflación). Es como seguir echando más agua al jugo; tiene cada vez menos sabor.

El sistema capitalista utiliza este proceso de crédito e inversiones. El que maneja mucho dinero, gana más, pero el pobre que no puede invertir su dinero para ganar intereses pierde el poder de compra.

El tema de reservas fraccionales ha causado mucho debate. Algunos economistas no están de acuerdo con la perspectiva de Gary North. Justifican el sistema, diciendo que el dinero prestado por el banco se utiliza para producir algo, y por lo tanto, no causa inflación. Los principios de oferta y demanda juegan un papel importante. Por ejemplo, si un comerciante pide dinero prestado para abrir una panadería, habrá más pan disponible, y la mayor oferta hará que se bajen los precios.

Pensando en la ilustración de los refrescos, supongamos que hay 100 refrescos disponibles en lugar de 50. Si el gobierno imprime más billetes y 50 personas tienen un dólar y 50 personas tienen dos dólares, el vendedor no puede pedir dos dólares para todos los refrescos; tendrá que vender algunos por un dólar. Además, si la gente simplemente no tiene mucho interés en los refrescos, naturalmente los precios se mantendrán más bajos. Obviamente la situación en la vida real es más compleja que nuestra explicación simplificada. Sin embargo, un sistema que permite la multiplicación de dinero de una manera tan fácil parece inherentemente fallado e injusto.

La teología de la prosperidad

Actualmente hay un movimiento fuerte en América Latina y en otros países que ha sido llamado la "teología de la prosperidad", o "el evangelio de la prosperidad". El postulado principal es que Dios bendice materialmente y físicamente, en sus finanzas y en su salud, a los que tienen suficiente fe. Una encuesta informa que "la mayoría de los protestantes en cada país donde se hizo la encuesta, desde 56% en Brasil hasta 91% en Venezuela, expresan la creencia de que Dios provee prosperidad material a los fieles."[120]

Lamentablemente, este movimiento distorsiona la enseñanza bíblica. Basta con mirar la vida de Jesús, de Pablo, y muchos personajes bíblicos fieles que sufrieron persecución y pobreza, no por su falta de fe, sino porque Dios tenía un propósito especial en eso. Es verdad que tenemos promesas bíblicas de que algún día, no nos faltará nada, no tendremos enfermedades, y no habrá lágrimas (Apocalipsis 21:1-4). Sin embargo, esto no será hasta que Cristo regrese para establecer la forma eterna de Su reino. Tal como los judíos no habían entendido que el Mesías vendría en distintas etapas, algunos cristianos de hoy también están confundidos, pensando que *todos* los beneficios del Reino de Dios se experimentan *ahora*. Sin embargo, una lectura más cuidadosa de la Biblia nos enseña que algunas promesas se han cumplida *ya* (por ejemplo, somos perdonados y justificados), otras están en proceso (estamos siendo santificados), y otras *todavía no* cumplen (no tenemos una

---

[120] Pew Research Center, "Pentecostalism", <http://www.pewforum.org/2014/11/13/chapter-4-pentecostalism/> (11/11/15).

nueva tierra, cuerpos renovados, o total liberación de los efectos físicos y espirituales de la Caída).

Principios económicos en el Antiguo Testamento

Se encuentran tres pautas éticas fundamentales en el Antiguo Testamento que nos ayudarán a desarrollar una filosofía económica: 1) Debemos ser honestos, 2) Debemos trabajar con diligencia, y 3) Debemos mostrar compasión a los demás.

El principio de la honestidad permea el Antiguo Testamento. El noveno mandamiento es "No darás falso testimonio contra tu prójimo" (Éxodo 20:16). Proverbios 11:1 dice, "La balanza falsa es abominación al SEÑOR, Pero el peso cabal es Su deleite."

Como vimos anteriormente, el Pentateuco (en pasajes como Levítico 25) nos enseña que tenemos la libertad para mejorar nuestra situación, siempre que estemos ayudando a los necesitados. Habían ordenado muchas formas de proveer para los pobres, como la instrucción de dejar algo de grano en el campo, sin cosechar (Levítico 23:22). ¡Nadie debía morir de hambre en Israel! La historia del maná en el desierto ilustra varios principios. Los que recogían demasiado tenían justo lo suficiente, y los que recogían muy poco también tenían suficiente. Esto nos enseña que debemos evitar el exceso egoísta, y que debemos cuidar a los que tienen menos. Los que trataban de guardar el maná durante la noche encontraban que se había echado a perder en la mañana. Esto nos enseña a confiar en el Señor para nuestra provisión diaria.

Los Proverbios ponen énfasis en el hecho de que es sabio trabajar diligentemente y honestamente (6:6-11, 16:11, 19:1, 20:4, 24:27, 26:13-14). Proverbios 30:8-9 explica que es mejor evitar los dos extremos de riqueza y pobreza, porque la riqueza tiende a alejarnos de Dios, y la pobreza nos tienta a robar.

Los profetas ponen énfasis en la compasión y la justicia para los necesitados (Isaías 3:14-15, Amós 2:6-7). Estos tres tonos de la honestidad, la diligencia y la compasión hacen una linda harmonía, y si practicáramos estos tres principios, lograríamos establecer una economía más sana y más justa.

Jesús y la economía

Tal como vimos en el capítulo anterior acerca de la política, encontramos que Jesús no se pronunció sobre algún sistema económico. Pero sí nos inculca nuevos valores éticos y nuevas actitudes. No debemos hacer tesoros en la tierra (Mateo 6:19-20), ni afanarnos sobre las cosas materiales, sino confiar en el Padre celestial (Mateo 6:25-34). La abundancia aparentemente hace difícil ver la necesidad de Dios, y por lo tanto es difícil para un rico entrar en el reino de Dios (Mateo 19:23). Debemos dar a los pobres, dispuestos a entregar todo si es necesario (Lucas 18:18-30). Jesús mismo nos ha dado un ejemplo de dejar nuestra comodidad para ayudar a los demás.

2 Corintios 8:9

Porque conocen la gracia de nuestro Señor Jesucristo, que siendo rico, sin embargo por amor a ustedes se hizo pobre, para que por medio de Su pobreza ustedes llegaran a ser ricos.

La Iglesia Católica, debido a la teología de liberación, ha adoptado el lema de un "amor de preferencia" para los pobres.[121] Creo que, si esto se refiere solamente a los que son materialmente pobres, está mal enfocado. Pero sí creo que Dios tiene preocupación especial para cualquier persona necesitada, sea que sufra de depresión, que viva en una familia conflictiva, que esté adicta al alcohol o las drogas, que no tenga padres, que viva lejos de su familia, o que sea materialmente pobre. Los que son económicamente pobres no son los únicos que sufren, y creo que debemos mostrar un amor especial a todos ellos, sin dejar de amar a todo tipo de persona.

Si pudiéramos practicar los valores que nos dejó Jesús, y si pudiéramos asumir la actitud de Jesús hacia los que sufren, la economía sería mucho mejor. En Hechos 2:44-45 y 4:32-37, es evidente que la Iglesia del primer siglo practicaba los principios que Jesús había enseñado. Vendieron sus posesiones y compartían con los necesitados, de tal manera que "no había, pues, ningún necesitado entre ellos" (Hechos 4:34). Algunos consideran que esto era una especie de experimento "comunista". Sin embargo, es importante destacar que compartían voluntariamente, resultado de la "abundante gracia" sobre ellos (Hechos 4:33). Vemos la misma actitud en Pablo cuando escribe a los corintios. Les anima a buscar mayor igualdad, siguiendo la pauta de la historia del maná en el desierto (2 Corintios 8:14-15), pero les pide que ayuden por gracia, según el ejemplo de Jesús, y no por obligación (8:8-9).

El Nuevo Testamento ciertamente no anima a la flojera, ni a la pasividad. 2 Tesalonicenses 3:10 nos da una pauta: "Si alguien no quiere trabajar, que tampoco coma." No obstante, nos anima a estar contentos con lo que tenemos. Pablo dice, "Sé vivir en pobreza, y sé vivir en prosperidad." (Filipenses

---

[121] *Catecismo de la iglesia católica,* (Montevideo, Uruguay: Lumen, 1992) párrafo # 2448

4:12; vea también 1 Timoteo 6:8 y Hebreos 13:5). Soy testigo del hecho de que factores como buenas relaciones y una actitud de agradecimiento contribuyen más a la felicidad que las posesiones materiales.

Heinrich Böll escribió un cuento acerca de un pescador feliz y un turista molestoso. El pescador ya había salido a pescar para el día, cuando un turista llega y lo despierta de una siesta con el sonido de su cámara. Empiezan a conversar, y el viajero trata de convencerle a volver a salir para ganar más dinero y mejorar su negocio. Se entusiasma imaginando todo lo que podría hacer el pobre pescador: podría comprar más barcos, construir una fábrica, abrir un restaurante, y hacerse rico. El pescador, sin impresionarse, pregunta, "¿Después qué?" El turista contesta, "¡Entonces podría relajarse aquí en la playa, estar tranquilo, dormir bajo el sol, y disfrutar de la belleza del mar!" El hombre responde, "¡Pero eso es justamente lo que estoy haciendo ahora!"[122] Esta historia ilustra el contraste entre el afán para obtener más posesiones materiales y el contentamiento, una lección importante en nuestro mundo materialista.

Preguntas de repaso

1. ¿Cómo describiría el capitalismo? ¿Cuál es el valor clave del capitalismo?

2. ¿Cómo se llama el "padre" del capitalismo? ¿Cuál fue su teoría?

3. ¿Qué dicen los críticos acerca del capitalismo? ¿Qué dicen los defensores?

---

[122] Heinrich Böll, "Anekdote zur Senkung der Arbeitsmoral" [Anécdota para hundir la moral del trabajo] Hay muchas versiones de la historia, algunas sin citar la fuente. Para una traducción al español: <http://habitantedemal.blogspot.com/2009/01/ancdota-para-hundir-la-moral-de-trabajo.html> (11 de agosto, 2010).

4. ¿Cómo describiría el socialismo? ¿Cuál es el valor clave del socialismo?

5. ¿Quién es considerado el padre del socialismo?

6. ¿En qué consiste fundamentalmente la historia de la sociedad?, según Marx.

7. ¿Qué dijo Marx acerca de la religión?

8. ¿Cómo se distinguen las posiciones de Marx, Engels, y Lenin en cuanto a la manera de lograr una reforma?

9. ¿Cuál es la diferencia entre las formas extremas del socialismo y las formas moderadas?

10. ¿Qué dicen los críticos acerca del socialismo, y qué dicen los defensores?

11. Según el autor, ¿cuáles son las características del sistema económico que necesitamos?

12. ¿Cuál es la respuesta de la teología de liberación a la pregunta de por qué América Latina es pobre?

13. ¿Cuáles son tres causas importantes de la pobreza en América Latina?, según Michael Novak.

14. ¿Cuáles son las causas de la inflación?, según Gary North.

15. ¿Cuál es el postulado principal de la "teología de la prosperidad"?

16. ¿Cuáles son las tres pautas éticas en el Antiguo Testamento que nos ayudarán a desarrollar una filosofía económica?

17. ¿Qué podemos aprender de Jesús acerca de la economía?

18. ¿Qué podemos aprender de otros pasajes del Nuevo Testamento acerca de la economía?

Preguntas de reflexión

1. ¿Qué opina usted? Considerando el capitalismo y el socialismo, ¿cuál de los dos sistemas refleja mejor los valores cristianos?

2. ¿Cuáles son algunos pasajes bíblicos importantes para darnos pautas para manejar mejor la economía?

3. ¿Cuál es su opinión acerca de por qué América Latina es pobre, en comparación con Europa y Estados Unidos?

4. ¿Cuáles son los problemas económicos de su país, y qué soluciones puede sugerir?

5. ¿Qué opina de la "teología de la prosperidad"?

6. ¿Cómo ha cambiado su perspectiva acerca de la economía esta lección?

7. ¿Qué opina del cuento de Heinrich Böll?

7. Hacia un enfoque cristiano de la ciencia

Cuando estaba en la escuela, mi profesor de ciencias naturales dijo una vez que los científicos deberían ser las personas que más creen en Dios. Aseguró que, cuanto más estudiaba la naturaleza, más obvio quedaba que Dios existía. Debería ser así, porque la naturaleza revela a Dios (Salmo 19:1: *Los cielos proclaman la gloria de Dios, Y el firmamento anuncia la obra de Sus manos.*)

Felizmente, la ciencia es un área en que los no cristianos tienden a operar de acuerdo con algunos presupuestos cristianos, consciente o inconscientemente. Por ejemplo, asumen que el mundo es básicamente ordenado y predecible, no caótico. Los científicos generalmente confían en su capacidad para observar con sus cinco sentidos y usan su razonamiento para sacar conclusiones. Sabemos que nuestras habilidades han sido dañadas por la Caída, pero el hombre no ha perdido la capacidad de observar y razonar.

La gracia común (o "universal") de Dios alcanza a todo ser humano, y mucha actividad científica es válida y beneficiosa para toda la humanidad. Aunque el cirujano no era cristiano, le doy gracias por salvar la vida de mi madre cuando sufría de problemas cardíacos. Debemos dar gracias a Dios por el descubrimiento de medicamentos, por el estudio de la naturaleza, y por el invento de tantas cosas que hacen que el mundo sea mejor.

Un área importante en que los cristianos deberíamos cooperar con los científicos es la protección de nuestro planeta. Cuando Francis Schaeffer escribió su libro *Pollution and the Death of Man* [La contaminación y la muerte del hombre] en el año 1970[123], el tema no estaba tan politizado como ahora. Creo que las discusiones actuales nos han desviado de un principio que quedó claro en el primer capítulo de la Biblia, que el hombre tiene la tarea de cuidar la creación. Nos han distraído de tareas importantes como cuidar los océanos y el aire, y evitar la contaminación en general. Basta con llegar con el cuello de la camisa negra después de caminar por las calles en el centro de Santiago de Chile, o ver los peces muertos flotando entre los restos plásticos en las costas de la Florida, para saber que el hombre está haciendo daño al medioambiente. Debemos tener cuidado de no dejar que nuestra actitud suspicaz hacia la ciencia nos lleve a estar en el lado equivocado de este asunto.[124] [125] No tenemos que estar de acuerdo con todo lo que dicen los científicos para cooperar con ellos en algo tan importante, algo que afecta toda la humanidad, como es el cuidado del planeta. Si vivo en un edificio de condominios que necesita reparaciones para evitar un colapso o un incendio, ¡no tengo que estar de acuerdo con todas las convicciones religiosas ni políticas de los otros residentes para cooperar con ellos en los esfuerzos para salvar el edificio!

Sin embargo, tenemos que enfrentar el hecho de que en los últimos siglos se ha desarrollado una pugna entre la ciencia y el cristianismo. Esto se debe a que la ciencia se ha

---

[123] Francis Schaeffer, *Pollution and the Death of Man* (Tyndale, 1970)

[124] Katherine Hayhoe, *Saving Us; A Climate Scientist's Case for Hope and Healing in a Divided World*. [Salvándonos; el caso de una científica de clima para dar esperanza y sanidad en un mundo dividido] (New York: One Signal Publishers/Atria Books, 2021), p. 6. La autora representa *The World Evangelical Alliance* [La alianza mundial evangélica] en asuntos de clima.

[125] John Copeland Nagle, "The Evangelical Debate Over Climate Change," [El debate evangelico sobre el cambio de clima], U. St. Thomas L.J. 53 (2008). <https://scholarship.law.nd.edu/law_faculty_scholarship/433>

independizado demasiado de la fe. Pretendiendo ser "objetivos", tienden a dejar a Dios fuera de la sala de biología, química, física, o sicología. Incluso, a veces se oponen a nuestras creencias importantes. Esta situación nos obliga a defender nuestra fe.

El conflicto

Para nosotros, hay dos fuentes principales de revelación: la naturaleza y las Escrituras. Como Dios es el autor de las dos formas de revelación, no se contradicen. Por lo tanto, cuando se practica la ciencia correctamente y cuando se estudia la Biblia correctamente, no hay conflicto. No obstante, hay aparentes contradicciones causadas por interpretaciones erróneas, sea de la Biblia o sea de la naturaleza. Por ejemplo, la teoría de la evolución es una aparente contradicción entre la evidencia científica y la enseñanza bíblica. Algunas teorías sicológicas no concuerdan con la doctrina cristiana del hombre, de la culpa y del pecado. Estos temas nos obligan a formular un enfoque cristiano de la ciencia.

Nuestra relación con la ciencia se ha complicado aún más en los últimos siglos debido a una tendencia a separar la fe y la razón. Hemos mencionado anteriormente a Kant, quien destacó esta separación. El problema es que la ciencia llega a ser considerada razonable y objetiva, mientras los asuntos religiosos son ambiguos y nebulosos.

Dr. H. van Riessen nos recuerda que los reformadores trataron de incentivar el desarrollo de las ciencias para servir a Dios, y que se opusieron a separar la ciencia de la fe. Fue el humanismo que aplastó este concepto y dejó a la ciencia con su autonomía. Dice que el problema fundamental del enfoque moderno de la ciencia es la pretendida autonomía y "objetividad" de la ciencia. Dice: "La causa de la crisis está en la creencia del hombre en su poder independiente y en su dominio del mundo por medio de la ciencia".[126]

Deberíamos darle prioridad a las Escrituras cuando hacemos tareas intelectuales como intentar armonizar la ciencia y la Biblia. No es que una forma de revelación, la Biblia o la naturaleza, sea mejor que la otra; son diferentes. Las dos son de Dios mismo y necesitamos la ayuda del Espíritu Santo para comprenderlas. Pero necesitamos las Escrituras para interpretar la naturaleza más de lo que necesitamos la naturaleza para interpretar las Escrituras. La Biblia es revelación verbal y, por lo tanto, comunica al intelecto humano más directamente y más precisamente. Una hermosa puesta de sol puede comunicar una gran variedad de cosas a las personas, pero cuando leemos: "Cuando a Elisabet se le cumplió el tiempo de su alumbramiento, dio a luz un hijo" (Lucas 1:57), nos comunica claramente el mismo hecho histórico a todos nosotros.

Es como la ilustración que mencionamos anteriormente de un superviviente de un naufragio.[127] Despierta en la playa y encuentra objetos del barco como monedas, una brújula y ropa, pero necesita ayuda para comprender lo que ha sucedido. De la misma manera, la creación nos revela muchas cosas, pero necesitamos las Escrituras para entenderlas mejor. Leer la Biblia es como leer el diario del capitán.

El evolucionismo

Uno de los desafíos más fuertes para la fe cristiana ha venido de la versión ateísta de la teoría de la evolución. La perspectiva evolucionista ha tenido una enorme influencia,

---

[126] Van Riesen, *Enfoque cristiano de la Ciencia*. (Barcelona: Fundación Editorial de Literatura Reformada, 1973), p. 28.
[127] Philip Yancey, *Soul Survivor; How My Soul Survived the Church*, pp. 51-52

no solamente en la ciencia, sino también en la filosofía (la dialéctica de Hegel), la economía (Carlos Marx), la religión (Teilhard de Chardin), y casi todos los temas de pensamiento. Algunos presuponen que no solamente el mundo material, sino también el pensamiento del hombre ha venido desarrollándose constantemente hacia algo mejor.

Este enfoque ha hecho que muchos duden de su fe, porque pretende explicar la existencia de todo, sin tomar en cuenta a Dios. R. Albert Mohler Jr. señala que "la teoría de la selección natural de Darwin y el dogma más amplio de la evolución surgieron en el siglo XIX como la primera alternativa coherente a la doctrina bíblica de la creación". Cita al biólogo Richard Dawkins diciendo: "Darwin hizo posible ser un ateo intelectualmente realizado". Mohler habla del "nuevo ateísmo" y dice que personas como Dawkins se han vuelto aún más audaces y antagónicas, y que afirman que la evolución hace "imposible" ser un cristiano intelectualmente realizado.[128]

La Biblia enseña claramente que Dios creó todo con el poder de Su palabra en forma milagrosa. ("Por la fe comprendemos que el universo fue hecho por la palabra de Dios, de modo que lo que se ve fue hecho de lo que no se veía." Hebreos 11:3 RV1995) Pero hay varias maneras de buscar la armonía entre la evidencia científica utilizada en defensa de la teoría de la evolución y el relato bíblico de la creación. No soy un científico, y cuanto más leo sobre este tema, más me doy cuenta de que no debería ser dogmático acerca de mi punto de vista. Sin embargo, esto no significa que no debiera intentar llegar a una opinión tentativa.

---

[128] Dockery, David S; Wax, Trevin. *Christian Worldview Handbook* [Manual de una cosmovision cristiana] (p. 168-169). B&H Publishing Group. Kindle Edition. El artículo de Mohler es "The New Atheism" [El nuevo ateísmo].

Opciones

Echaremos un vistazo a algunas opciones, comenzando con un breve resumen de las perspectivas presentadas en el libro *Four Views on Creation, Evolution, and Intelligent Design* [Cuatro visiones sobre la creación, la evolución y el diseño inteligente.][129]

1. Creacionismo de una tierra joven (Ken Ham)

Este enfoque es que Dios creó la tierra y el universo ya maduros, con la apariencia de haber existido durante millones o miles de millones de años. Adán fue creado como un adulto y no como un bebé recién nacido. Los árboles y otras plantas también fueron creados como ya crecidos, y lo mismo se aplicaría a toda la creación. Todo se hizo ya maduro con la apariencia de la edad.

Ken Ham considera primero las Escrituras, argumentando que Génesis 1 es historia y que los días son de 24 horas.[130] Cree que la catástrofe global provocada por el gran diluvio explica la existencia de fósiles y capas de rocas sedimentarias que dan la impresión de una tierra vieja. Añade que existen algunos problemas lógicos con un esquema de los evolucionistas de millones de años. Por ejemplo, ¿cómo podrían sobrevivir las plantas sin animales e insectos para polinizarlas?[131]

---

[129] *Four Views on Creation, Evolution, and Intelligent Design.* [Cuatro perspectivas sobre la creación, evolución, y el diseño inteligente] Copyright © 2017, Ken Ham, Hugh Ross, Deborah B. Haarsma, Stephen C. Meyer, J. B. Stump. Zondervan (Counterpoints: Bible and Theology). Zondervan Academic. Kindle Edition. (Todas las traducciones citadas de *Four Views* han sido hechas por el autor de este libro.)

[130] *Four Views,* pp. 27-29.

[131] *Four Views, pp. 19-22. Vea también: Q&A: "What is Young Earth Creationism (YEC)?" (thirdmill.org) <https://thirdmill.org/answers/answer.asp/file/46764 >*

2. Creacionismo de una tierra vieja (Hugh Ross), también llamado la perspectiva del "día-era".

Según este punto de vista, cada "día" de Génesis 1 representa un lapso de muchos años, en que Dios creaba periódicamente nuevas especies, progresando de lo simple a lo complejo. Al hacerlo, también adaptaba todo para que estuviera en armonía, en relaciones ecológicamente óptimas.[132] Adán y Eva fueron los primeros humanos, no descendientes de los simios. Hugh Ross apela a versículos como el Salmo 90:4 y 2 Pedro 3:8 ("...para el Señor un día es como mil años, y mil años como un día") para mostrar que en la Biblia, un "día" no siempre se refiere a un período de 24 horas.[133]

3. Creación evolutiva (Deborah Haarsma)

Según esta escuela de pensamiento, Dios gobernaba un proceso de evolución gradual para producir diversas formas de vida durante miles de millones de años. Deborah Haarsma apela a figuras importantes como B. B. Warfield y Billy Graham, que al menos estaban abiertas a este enfoque. Sostiene que las capas de hielo de la Antártida apuntan a una edad de 700.000 años y las capas de roca sedimentaria en lagos y océanos apuntan a millones de años. También encuentra pruebas de datación radiométrica de una edad de miles de millones de años en formaciones rocosas en lugares como Groenlandia. Este proceso mide el tiempo por la cantidad de desintegración que se ha producido en los átomos radiactivos.[134]

---

[132] *Four Views,* pp. 71-73.

[133] *Four Views, p. 80. Vea también Thirdmill.org: Q&A: "What is the Day Age Theory?" < https://thirdmill.org/answers/answer.asp/file/46769 >*

[134] *Four Views,* pp.134-136.

Haarsma hace el siguiente comentario:

En primer lugar, ¿cómo sabemos que Dios no creó todo hace seis mil años, de una manera que pareciera tener millones de años? La respuesta corta es que no lo podemos saber. No existe una forma científica de distinguir entre un universo antiguo y uno que fue creado para que pareciera antiguo en cada detalle. Sin embargo, existe una profunda diferencia espiritual. Las Escrituras son claras al enseñar que Dios es un Dios de verdad y que los cielos declaran su gloria. La actividad de Dios en el mundo natural nos habla tan verdaderamente como Sus palabras en las Escrituras, y debemos tomarla en serio.[135]

4. Diseño inteligente (Stephen C. Meyer)

Esta opción no es exactamente otra posición sobre cómo armonizar la evidencia científica con el relato bíblico de la creación. Todas las posiciones que creen en la creación también creen que la naturaleza apunta al diseño inteligente. Sin embargo, algunos que se identifican con esta categoría en realidad prefieren ni siquiera hacer un pronunciamiento sobre el relato bíblico. Stephen C. Meyer dice:

...La teoría del diseño inteligente no ofrece una interpretación del libro del Génesis, ni postula una teoría sobre la duración de los días bíblicos de la creación o la edad de la tierra. En consecuencia, los defensores del diseño inteligente pueden tener una variedad de posiciones sobre estos temas (o ninguna en absoluto).

---

[135] *Four Views,* p. 134

...La teoría del diseño inteligente sostiene que hay características reveladoras de los sistemas vivos y del universo –por ejemplo, el código digital en el ADN, los circuitos y máquinas en miniatura en las células, y el ajuste fino de las leyes y constantes de la física– que se explican mejor por una causa inteligente y no por un proceso material no dirigido.[136]

Podríamos añadir otras opciones además de las propuestas en el libro *Four Views*.

5. La teoría de la "brecha"
Un quinto punto de vista es que hubo un largo período de tiempo (una "brecha") entre la creación inicial de Génesis 1:1 y los días en Génesis 1:3-2:3. El versículo dos dice: "La tierra estaba sin orden y vacía", lo que, según ellos, podría traducirse: "Pero la tierra llegó a ser sin orden y vacía". Según esta teoría, la creación original se corrompió durante este primer período de tiempo y fue destruida para poder empezar de nuevo. Este punto de vista se hizo popular en parte debido a las notas de la Biblia de referencia Scofield.[137]

6. La teoría del "marco"
Otro punto de vista es que el relato de la creación en el capítulo uno del Génesis no nos da una cronología de eventos, sino más bien un "marco" de la creación, en que los primeros tres días definen los reinos, y los días cuatro a seis describen lo que llena esos reinos. Debe leerse poéticamente, no históricamente. Esta perspectiva podría permitir una variedad de formas de armonizar el relato

---

[136] *Four Views,* pp. 179-180.
[137] "The Gap Theory (Part A)," Answers in Genesis
<https://answersingenesis.org/genesis/gap-theory/the-gap-theory-part-a/ >

bíblico con las teorías científicas. Ha sido promovido por teólogos como Meredith Kline y Bruce Waltke.[138]

Preguntas

La mayoría de estas opciones nos dejan con algunas preguntas importantes. Primero, para cualquier punto de vista que interprete las narraciones en Génesis 1-2 como poéticas y no históricas, ¿cómo explicaría tantos detalles que parecen históricos? Por ejemplo, el pasaje se repite una y otra vez: "Dios dijo...", y luego sucedió. Además, para cada día dice: "Y fue la tarde y fue la mañana: el _____ día". La narración de la creación de Adán y Eva incluye importantes detalles específicos. Adán fue hecho del polvo de la tierra, a imagen de Dios, y Dios sopló en él el "aliento de vida" y luego le ordenó que cuidara el jardín. Dios dijo que no era bueno que Adán estuviera solo, entonces creó a Eva. Además, la historia de su desobediencia pecaminosa y la Caída son una parte esencial de la historia redentora como se enseña en todas las Escrituras, y supone que fueron personas históricas reales.

En segundo lugar, ¿existe suficiente evidencia fósil de formas transicionales para apoyar la perspectiva de un proceso evolutivo gradual? Algunos dicen que no. [139] Ken Ham cita al evolucionista de Harvard Stephen Gould:

> La extrema rareza de las formas transicionales en el registro fósil persiste como secreto de la paleontología. Los árboles evolutivos que adornan nuestros libros de texto tienen datos sólo en las puntas y nudos de sus

---

[138] Q&A: "The Framework Theory," thirdmill.org:
<https://thirdmill.org/answers/answer.asp?file/50377 >
[139] Duane Gish, *Creación, evolución y el registro fósil* (Barcelona: CLIE, 1979) p. 33.

ramas; el resto es inferencia, por razonable que sea, no evidencia de fósiles.[140]

Otros insisten en que el registro fósil es suficiente para demostrar una evolución gradual. Deborah Haarsma dice: "Lo que alguna vez fue un vacío en el registro fósil ha sido llenado por muchas especies en las últimas décadas". Por ejemplo, afirma que hay más de mil muestras de fósiles que respaldan la evolución gradual de la ballena, comenzando con una criatura terrestre parecida a un lobo. También afirma que hay fósiles de más de seis mil criaturas individuales de varias especies que muestran una transición gradual de simios a homo sapiens durante un período de varios millones de años.[141]

Gould ha propuesto una nueva versión de la evolución llamada "equilibrio puntuado". Según esta versión de la teoría, las especies mantuvieron un equilibrio durante largos períodos de tiempo y luego experimentaron cambios repentinos. Esto encajaría en el esquema de la teoría del "día-era."

En tercer lugar, aunque la perspectiva del "día-era" es tentadora, ¿por qué no coincide el orden de las etapas de la creación en Génesis con el orden propuesto por los evolucionistas? Por ejemplo, el relato de Génesis afirma que las aves fueron creadas antes que los animales terrestres (días 5 y 6), mientras que la mayoría de los evolucionistas invertirían el orden. También existe la pregunta de por qué habría muerte antes de la Caída. ¿No fue la muerte parte de la maldición causada por la Caída? Algunos responderían que

---

[140] *Four Views*, p. 156.

[141] Four views, pp. 140, 145.

la muerte causada por la Caída sólo se refiere al hombre, o tal vez se refiere a la muerte espiritual.[142]

En cuarto lugar, ¿cómo explican los que sostienen los puntos de vista de la tierra antigua #2 ("día-era"), #3 (evolución divinamente guiada) y #6 (teoría del "marco") el hecho de que el homo sapiens supuestamente existió mucho antes de Adán y Eva? ¿Por qué la Biblia no menciona esto? De hecho, Génesis indica claramente que Adán y Eva fueron los primeros seres humanos. Supongo que podrían responder que los ejemplos que los evolucionistas consideran homo sapiens no eran realmente seres humanos.

En quinto lugar, la teoría de la "brecha" hace surgir la pregunta acerca de la corrupción antes de la Caída. ¿Por qué se corrompió todo? También parece forzar una interpretación poco natural de Génesis 1:2, incluso del resto del capítulo 1. El capítulo parece indicar que Dios creó la luz, las plantas y los animales por primera vez en esos seis días.

Finalmente, la opción de la tierra joven puede hacernos preguntarnos por qué Dios actuaría de esa manera. A algunas personas les parece engañoso, dejando evidencia confusa. Sin embargo, el gran diluvio podría explicar muchas cosas.

Conclusión tentativa

Aunque ninguna de las opciones está exenta de dudas, la visión que parece tener menos problemas es la visión de la tierra joven. Sería difícil demostrar que *no* sucedió así. Como admite Deborah Haarsma: "¿Cómo sabemos que Dios no creó todo hace seis mil años, de una manera que pareciera

---

[142] "Evolution vs. Creation: The Order of Events Matters!" Answers in Genesis, <https://answersingenesis.org/why-does-creation-matter/evolution-vs-creation-the-order-of-events-matters/ >

tener millones de años? La respuesta corta es que no lo podemos saber."

Es especialmente importante mantener la creación milagrosa y directa de Adán y Eva. John Frame dice:

> Dios nos creó directamente por medio de un acto especial. Eso implica que no somos descendientes de animales; no "evolucionamos". Dios hizo al hombre Adán del polvo, y el polvo no cobró vida hasta que Dios sopló el aliento que le hizo hombre. Génesis 2:7 no dice que Dios hizo a un animal del polvo y después convirtió al animal en hombre, sino que Dios hizo un hombre exactamente ahí, en el acto, del polvo. Aún más obvio, Dios hizo a la mujer por un acto milagroso en Génesis 2:21-22.[143]

La opción de la tierra joven parece tener más sentido al considerar que toda la creación es interdependiente. El biólogo y teólogo español Antonio Cruz habla de la "complejidad irreducible", dando crédito a Michael Behe por el concepto. Esto significa que algunas cosas son tan complejas que no funcionan a menos que estén totalmente desarrolladas. El ojo es un buen ejemplo. No funcionará si no están completamente desarrollados el nervio, la retina y la pupila.[144]

Este mismo concepto se puede aplicar a toda la naturaleza. Muchas cosas dependen unas de otras para funcionar correctamente. De hecho, todo el sistema natural es delicadamente interdependiente. Cuando una especie

---

[143] M. Frame, John. *La salvación es del Señor: Una introducción a la teología sistemática* (Spanish Edition) (p. 164). Poiema Publicaciones. Kindle Edition.
[144] Antonio Cruz, *Sociología; una desmitificación* (Barcelona: CLIE/Logoi, 2001), pp. 210-214.

está en peligro de extinción, los científicos advierten que la pérdida de una especie puede afectar a muchas otras. Por ejemplo, no podemos vivir sin abejas para polinizar las plantas. Este principio hace que sea fácil creer que Dios habría hecho toda la creación en un estado maduro y desarrollado, y que habría hecho todo casi al mismo tiempo.

Whitcomb y Morris observan que las plantas necesitan químicas que normalmente vienen de un proceso de descomposición y erosión. Por lo tanto, las primeras plantas se habrían alimentado de tierra que tenía la apariencia de mucha edad.[145]

Estos dos autores fueron unos de los primeros en combinar la interpretación de una creación madura con la teoría de los efectos del Gran Diluvio. Piensan que el diluvio trajo un cambio drástico en el clima, con enfriamiento y la formación de hielo en algunas partes, causando la muerte instantánea de animales grandes como los dinosaurios y los mamuts. También pudo haber causado el deslizamiento de glaciales, formando valles y quebradas que dan la impresión de haber sido el efecto de mucho tiempo. Creen que el diluvio produjo no solamente lluvia, sino también terremotos y erupciones. Génesis 7:11 sugiere que hubo otros aspectos del desastre además de la lluvia en el tiempo del Gran Diluvio: dice que "fueron rotas todas las fuentes del grande abismo".[146]

Piense en esto: ¿Qué "edad" tenía Adán en el momento cuando fue creado? ¿Tendría el cuerpo de un hombre de

---

[145] John C. Whitcomb, Jr. y Henry M. Morris, *The Genesis Flood; The Biblical Record and Its Scientific Implications* [El diluvio de Génesis; el relato bíblico y sus implicaciones científicas] (Nutley, New Jersey: Presbyterian and Reformed Publishing Company, 1961), pp. 232-233. Whitcomb es profesor de Antiguo Testamento (Th.D.) y Morris es científico, director del *Institute of Creation Research* (Ph.D.).

[146] Whitcomb y Morris, *The Genesis Flood*, pp. 258-281.

treinta años? Posiblemente. Por lo menos no tenía el cuerpo de un bebé recién nacido. Ahora, si hubiera llegado un minuto después de su creación, ¿cómo calcularía el tiempo de su creación? La evidencia podría hacerle pensar que había sido creado años antes, ¿verdad? Pero en realidad, sólo tendría la apariencia de tanta edad. Piense en las plantas. Adán y Eva necesitaban alimentos, así que Dios tuvo que colocar, no semillas, sino plantas crecidas en el huerto de Edén. Ahora, supongamos que usted llega un minuto después de la creación de las plantas y empieza a examinar un árbol. Si corta el tronco, puede contar los anillos para saber su edad. Usted pensará que el árbol ha crecido durante muchos años, pero solamente tiene un minuto de existencia. Y si lo hizo con Adán y Eva y las plantas, probablemente lo hizo también con todo el resto de la creación. ¿Sería un engaño de parte de Dios? ¡No! Sería completamente apropiado.

Esta interpretación de que Dios hizo todas las cosas con la apariencia de edad parece coincidir mejor con el relato bíblico y evita algunos de los problemas que enfrentan otros puntos de vista. También coincide con el concepto de la complejidad irreducible y la interdependencia de todo. Cualquier cosa que parece mostrar evidencia de mucha antigüedad puede ser explicada con el enfoque de una creación madura y con los efectos del Gran Diluvio. Sin embargo, sigo creyendo que no deberíamos ser dogmáticos al respecto. El tema es muy complicado y requiere mucho estudio. Nuevamente, lo importante es que podemos estar de acuerdo en que "Por la fe comprendemos que el universo fue hecho por la palabra de Dios, de modo que lo que se ve fue hecho de lo que no se veía." (Hebreos 11:3 RV1995)

El lugar de la Biblia en la ciencia

La Biblia no es un texto científico. Sin embargo, cuando habla de datos y hechos científicos, dice la verdad. No está separada de la ciencia. No está al lado de la ciencia, sino proporciona la base para cada área de estudio. No necesariamente provee versículos específicos para contestar preguntas científicas, pero nos da presuposiciones y conceptos básicos.

¿Qué debemos hacer cuando hay aparentes conflictos entre la ciencia y la Biblia? Tenemos que comenzar con la convicción de que Dios no se contradice, y que no hay conflicto verdadero entre la evidencia y la Biblia. Entonces, cuando parece que hay contradicciones, hay que hacer un nuevo estudio la Biblia y una nueva investigación de la evidencia científica, buscando la armonía. Es posible que en nuestra vida nunca encontremos la respuesta, pero confiamos en que hay una verdadera armonía.

La matemática

Se supone que la matemática es un campo que es "neutral", que no debe haber diferencia entre un enfoque cristiano y un enfoque ateo de la matemática. Normalmente no vemos mucha diferencia, porque aun los no creyentes funcionan en este campo de acuerdo con una confianza en la lógica y el orden del universo. Pero existen ejemplos de diferencias.

Como se mencionó antes, Vern Poythress nos presenta algunos ejemplos de cómo influyen las presuposiciones filosóficas en la matemática. Los matemáticos "intuicionistas", (LEJ Brouwer y Arend Heyting), no aceptan argumentos por reducción a lo absurdo (probar que la negación produce una contradicción). Por ejemplo, veamos la suposición de que hay una sola línea recta entre dos

168

puntos. Ellos dicen que la verdad matemática tiene su "ubicación básica" en la mente humana. Por eso, si no podemos saber o experimentar alguna verdad, entonces no se puede hablar inteligentemente del asunto. Por lo tanto, no podemos afirmar con certeza que hay una sola línea recta entre dos puntos. Algo tan importante como "π", que se usa para calcular el área de un círculo ($A = \pi r^2$) es un tema de controversia filosófica. Ya que es un número infinito, algunos cuestionan la validez de hablar de su existencia. En contraste, el cristiano dice que Dios sabe estas cosas, así que es legítimo conversar de estos temas. Las preguntas son válidas, aunque no sepamos las respuestas.[147]

El no creyente que tenga una filosofía que afirma el origen desordenado del mundo tendrá problemas en explicar por qué el mundo corresponde tan bien a la matemática. El cristiano sabe que el mundo es ordenado y corresponde a leyes de funcionamiento que Dios ha impuesto sobre el universo.

Poythress propone varias presuposiciones cristianas para hacer la matemática:

1) Todo conocimiento proviene de la mente de Dios.
2) Hay unidad y pluralidad en el universo. Esto tiene su origen y su explicación en el Dios trino, quien es uno y tres.
3) Dios conoce todo, y por eso se puede hablar de cosas como la infinidad y de π.
4) El hombre es la imagen de Dios. Por lo tanto, tiene una capacidad de pensamiento matemático a priori y también tiene la capacidad de examinar el mundo a posteriori.

---

[147] *Foundations of Christian Scholarship*, pp. 159-190.

5) Dios creó todo con orden. Las estructuras matemáticas no son parte de la creación, sino un reflejo de la naturaleza de Dios en la creación.

Jesús y la ciencia

Es difícil pensar en textos bíblicos donde Jesús haya dicho algo específico acerca de la "ciencia" como entendemos la palabra hoy. Sin embargo, no olvidemos que Jesús participó en la creación (Hebreos 1:2). Por lo tanto, toda la creación refleja Su carácter y Su naturaleza. No podemos exactamente entender el evangelio a través de la naturaleza, pero hay símbolos y pistas de verdades espirituales en toda la creación. Jesús ilustró muchas verdades espirituales con cosas naturales (por ejemplo, las semillas, los árboles, la vid, el trigo, las flores, y los pájaros).

Es importante reconocer que Jesús también mostró que el universo no está "cerrado", como piensan algunos filósofos y algunos científicos. De hecho, Su propia encarnación fue una forma de romper las barreras del universo. Cada milagro que Él realizó muestra que Él es soberano, que está por sobre la función "normal" de la naturaleza, y que puede sacudir el mundo con Sus acciones sobrenaturales cuando quiera. Hebreos 1:3 dice que Él "sostiene todas las cosas por la palabra de su poder".

Los "magos" que fueron a ver al niño Jesús no hacían "magia", sino que eran estudiosos, sabios, posiblemente astrólogos, y posiblemente religiosos. El hecho de que hayan ido tan lejos desde el extranjero para "adorar" a Jesús simboliza la postura correcta de la ciencia: postrado a los pies del Señor.

Preguntas de repaso

1. ¿A qué se debe la pugna entre la ciencia y el cristianismo en los últimos siglos?

2. ¿A qué se debe que mucha actividad científica sea válida y beneficiosa para toda la humanidad?

3. ¿Cuál es el problema fundamental del enfoque moderno de la ciencia?, según H. van Riessen.

4. ¿Por qué no debe haber un conflicto entre la Biblia y la ciencia?

5. Explique posibles formas de armonizar el relato bíblico de la creación con la edad aparente de la tierra y la evidencia que presentan los evolucionistas.

6. ¿Cuáles son algunas de las preguntas relacionadas con cada una de las posibles explicaciones?

7. Explique la opinión sugerida por el autor acerca de cómo armonizar el relato bíblico con la evidencia presentada por los evolucionistas.

8. Explique el significado del concepto de la "complejidad irreducible" y su importancia al considerar la teoría de una creación con apariencia de mucha edad.

9. ¿Qué debemos hacer cuando hay aparentes conflictos entre la ciencia y la Biblia?

10. ¿Por qué dicen los matemáticos "intuicionistas" que no podemos afirmar con certeza que hay una sola línea recta entre dos puntos y que no podemos hablar de la validez del valor de "π"?

11. Según Vern Poythress, ¿por qué el hombre tiene la capacidad de pensamiento matemático *a priori,* así como la capacidad de examinar el mundo *a posteriori*?

12. ¿Por qué toda la naturaleza nos enseña algo de Jesús?

13. ¿Qué simboliza el hecho de que los "magos" fueron a adorar al niño Jesús?

Preguntas de reflexión

1. ¿Cuál es la actitud entre la mayoría de sus amigos cristianos hacia la ciencia? ¿Cuál ha sido su propia actitud en el pasado? ¿Ha cambiado su actitud después de estudiar este capítulo?

2. ¿Le cuesta a veces armonizar la Biblia con la ciencia? ¿En qué aspecto?

3. ¿Cuáles son algunas de las contribuciones más importantes de la ciencia para el bien de la humanidad?

4. ¿Cuál es su perspectiva de cómo armonizar el relato bíblico con la aparente larga edad de la tierra y la evidencia que presentan los evolucionistas?

5. Además del relato de la creación, ¿puede pensar en otra enseñanza bíblica que algunas personas podrían ver como un "error" científico o una aparente contradicción con la evidencia científica? ¿Cómo podría explicarlo?

6. ¿Cómo podría contestar a alguien que acusa a los cristianos evangélicos de oponerse a la ciencia?

8. Hacia un enfoque cristiano de las bellas artes

El arte es uno de los aspectos más importantes de una cosmovisión cristiana. Los cristianos debemos estar más interesados en el arte que nadie. ¿Por qué? Una de las razones es que, al analizar el arte, podemos detectar las condiciones filosóficas, psicológicas y espirituales de la sociedad. Ya que los artistas tienden a ser personas espiritualmente profundas y sensibles, frecuentemente comprenden los problemas de una manera intuitiva, y expresan sus inquietudes a través de su arte. Los pintores, los escritores y los compositores serios son "profetas" culturales. Makoto Fujimura llama a los artistas "acosadores de fronteras" [border-stalkers] que "a menudo se encuentran en los márgenes de la sociedad, caminando cerca de las fronteras de los patrones establecidos de pensamiento."[148] Los artistas no solo detectan cambios, sino que también participan en producir cambios en la cultura.

En segundo lugar, podemos ver la imagen de Dios en su creatividad. Cuando una persona produce arte, está reflejando algo de Dios. Esto debería motivar a cristianos a usar sus dones artísticos también.

Finalmente, deberíamos poder disfrutar del arte como un regalo de la gracia de Dios. ¿Cómo sería la vida sin música, arte y literatura? Sería como una aburrida dieta de pan y agua. Fujimura cuenta la historia de cuando él y su esposa estaban recién casados y luchaban para pagar las cuentas al fin del mes. Cuando su esposa llegó a casa con una rama de

---

[148] Fujimura, *Art and Faith*, pp. 15, 46. Kindle edition.

flores, él la reprendió diciendo: "¿Cómo se te ocurre comprar flores cuando ni siquiera tenemos dinero para comer?" Su esposa contestó: "Nosotros también necesitamos alimentar nuestras almas."[149] El arte alimenta nuestras almas.

Sin embargo, los evangélicos frecuentemente muestran poco interés en las bellas artes. ¿Por qué? Una de las razones principales es que las ven como seculares, poco sanas, incluso a veces hostiles hacia el cristianismo. Conozco a personas que solo leen libros escritos por cristianos. Otros tiraron a la basura todos sus libros y su música cuando se convirtieron, porque alguien le hizo pensar que serían dañinos para ellos. Tal como la ciencia, las bellas artes deberían ser nuestras amigas, pero a veces no parece así.

La secularización del arte

Durante largos períodos de la historia de Europa, las bellas artes fueron mayormente medios de expresión cristiana. Es obvio cuando uno camina por un museo como el *Louvre* en orden cronológico, o cuando uno hojea un libro de la historia del arte. Cuando miro los 30 tomos de *El Gran Arte en la Pintura*[150], observo que los temas religiosos dominan los primeros tomos, desde el tiempo de Constantino hasta el período barroco (alrededor del año 1600). Después, aunque no desaparecen las pinturas religiosas, el cambio es notable; se ven más escenas de la naturaleza, escenas de la vida diaria, y retratos de personas comunes. *Las meninas* de Diego Velásquez (1656) reemplazan *La última cena* de Leonardo Da Vinci (1495-98), y *El tres de mayo de 1808* de Francisco Goya (pintada en 1814-15) reemplaza *La crucifixión* de Jan Van Eyck (1420-25).

---

[149] Makoto Fujimura, *Culture Care* [El cuidado de la cultura] (Downers Grove, IL: IVP, 2017), location 133. Kindle Edition.
[150] *El Gran Arte en la Pintura*, 30 tomos (Barcelona: Salvat, 1987).

Podemos identificar un cambio parecido en la música. Comenzando con el canto gregoriano en el sexto o séptimo siglo, la música sagrada dominó Europa durante la Edad Media. Después, la música secular llegó a ser más popular durante el Renacimiento (1450-1600). Sin embargo, en este caso, aun durante el período barroco y el período clásico, algunos de los compositores más famosos, como Johann Sebastián Bach (1685-1750), Georg Friedrich Händel (1685-1759), y Franz Joseph Haydn (1732-1809), compusieron mucha música con temas cristianos. Incluso, Ludwig Van Beethoven (1770-1827) compuso algunas misas, aunque sus propias convicciones religiosas no eran claras. Desde entonces, la influencia secular fue más fuerte.

La literatura de Europa durante la Edad Media estaba mayormente dedicada a la discusión de asuntos de la fe. Dante (1265-1321) y Chaucer (1343-1400) escribieron ficción basada en temas cristianos. La imprenta, inventada a mitad del siglo XV, se usó para imprimir la Biblia y literatura religiosa. Después, tal como otras actividades culturales, el Renacimiento y el período moderno trajeron una tendencia secular.

En su obra magnífica, *El arte moderno y la muerte de una cultura*,[151] H.R. Rookmaaker analiza el mensaje de muchas obras de arte, desde la edad media hasta el siglo veinte. Quiere mostrar que el arte moderno comunica el fin de una época, una época en que el hombre confiaba en la razón y en la verdad. Según Rookmaaker, los reformadores prestaron poca atención a las artes, y no produjeron su propio estilo de arte, con la excepción de la primera mitad

---

[151] H.R. Rookmaaker, *El arte moderno y la muerte de una cultura,* (Barcelona: CLIE/Logoi, 2003). Publicado primero en inglés, *Modern Art and the Death of a Culture* (Downers Grove, Illinois: InterVarsity Press, Chicago, 1970.)

del siglo XVII en Holanda (Rembrandt, 1606-1669).[152] Este vacío se debió a lo que él llama un "misticismo" protestante, especialmente evidente entre los Puritanos, una tendencia de poner énfasis en una espiritualidad subjetiva y evitar los asuntos "mundanos". A la misma vez, la tendencia católica era la de separar lo espiritual y lo natural, la fe y la razón, dejando las artes independientes de la influencia espiritual.[153] Las dos actitudes dejaron al humanismo como el factor dominante de la cultura. El énfasis humanista en la ciencia secularizada llevó al hombre a sentirse atrapado en una "caja cerrada".[154]

El arte moderno demuestra su intento de salir de esa caja. El primer paso hacia el arte moderno era el realismo. Los realistas pintaban "los hechos". (Goya, *La ejecución de los españoles por los franceses*). El Segundo paso hacia el arte moderno fue el impresionismo. Ellos pintaban lo que veían, no como hechos sino como sus propias impresiones subjetivas (Renoir, *Le Moulin de la Galette*). Los últimos pasos hacia el arte moderno fueron el expresionismo y el dadaísmo. Los expresionistas pintaban, no los hechos, y tampoco sus impresiones de lo que observaban, sino lo que ellos querían expresar (Picasso, *Les Demoiselles d'Avignon*). Según el dadaísmo la vida no tiene sentido. Se ríe de todo lo que tiene valor. La forma en que buscaron el nombre para el movimiento dice mucho: abrieron un diccionario y apuntaron al azar. El dedo llegó al nombre "dada" que significa "caballo mecedor" o "caballo de batalla" en francés.

En el siglo XX, la cultura "se muere", según Rookmaaker. Cita a Karel Appel, quien dice: "Yo no pinto. Yo pego. La pintura es destrucción". Francis Bacon pinta la cabeza del

---

[152] Rookmaaker, *El arte moderno*, pp. 29-31.
[153] Rookmaaker, *El arte moderno*, pp. 34-35.
[154] Rookmaaker, *El arte moderno*, p. 47.

hombre gritando desde la jaula, y escribe: "Ahora... el hombre es consciente de que es un accidente, de que es un ser completamente fútil, de que tiene que terminar el juego sin razón".[155] Aunque Rookmaaker no utilizó el término, estaba hablando de lo que ahora llamamos el "postmodernismo".

¿Cómo podemos describir el arte postmoderno? Es difícil porque incluye una gran variedad de estilos. Creo que la mejor palabra es "ecléctica".[156] Douglas Groothuis dice, "el pluralismo postmoderno ha producido una gran profusión de estilos y formas, sin ninguna coherencia visible". Sostiene que los postmodernistas consideran el arte una expresión de gustos subjetivos personales, y no una expresión de la verdad absoluta o de valores que se pueden evaluar objetivamente.[157]

La mentalidad postmoderna se manifiesta frecuentemente en la letra de estilos de música como la *música alternativa* y *heavy metal*. Por ejemplo, observe la letra de una canción "Plain", por un grupo llamado "311". La frase "tabla rosa" aparentemente hace referencia a la idea filosófica empirista de una tabla rasa (una mente en blanco, sin nada escrito). El *Yin* y el *Yang* son términos de la religión china, el bien y el mal, que según ellos son solamente aparentes opuestos, mientras en realidad son unidos. Si no existen los absolutos, no se puede distinguir entre el bien y el mal, ¡ni entre Dios y el diablo!

---

[155] Rookmaaker, *Modern Art*, p. 174. Traducción del inglés por el autor. En la traducción española publicada por CLIE, en vez de decir "terminar el juego", dice, "seguir adelante".
[156] Karen Wright, "Born in a Balloon" [Nacido en un globo], *Modern Painters; Special American Issue*, Otoño, 2002, p. 19.
[157] Douglas Groothuis, *Truth Decay* [Caries en la verdad], (Downers Grove, Illinois: InterVarsity Press, 2000), p. 245.

...Tabla Rosa es mi cerebro
no tienes que adivinar lo que estoy diciendo
no quiero molestarte o volverte loco
si tuviera un punto, lo diría claramente oh, maldito mi
cerebro   está en
blanco
... ¿No sabes que el diablo está en mí
y Dios, ella también
mi Yin toca mi Yang Pero qué diablos vas a hacer
Yo elijo un camino pedregoso pero así me gusta
la vida es un tazón de refresco hay que echarle licor[158]

Esto nos ayuda a comprender una nueva tendencia durante las últimas décadas, pero sería una distorsión sugerir que la mayoría de los músicos contemporáneos representan el posmodernismo. Siempre habrá canciones de amor, canciones con ritmo de baile, y canciones de protesta. Un video interesante de una línea de tiempo muestra a los artistas musicales con más ventas en todo el mundo desde 1969 hasta 2019.[159] La siguiente lista muestra quién fue el número uno durante cada período:

---

[158] 311, "Plain", Sitio de Internet: <ttp://www.azlyrics.com/lyrics/311/plain.html> (1 de junio, 2010). Original en inglés:
... Tabla Rosa is my brain
don't have to guess just what I'm sayin'
don't mean to bug or drive you insane
if I had a point I'd say it plain
oh, dammit my brain is blank
... Don't you know the devil is in
me and God she is too
my Yin hits my Yang But what the heck ya gonna do
I choose a rocky ass path but that's how I like it
life's a bowl of punch go ahead and spike it
[159] *Best-Selling Music Artists 1969-2019* < https://youtu.be/a3w8l8boc_I> Dice, "... clasificados según las ventas anuales certificadas. Las cifras son mundiales y se ajustan al promedio de seguimiento de doce meses. Los datos de los últimos años

1969-1971: The Beatles
1972: Led Zepellin
1973-74: Elvis Presley
1975: Elton John
1976-79: The Eagles
1980-81: Michael Jackson
1982: Queen (durante parte del año)
1982-85 Michael Jackson (de nuevo)
1986: Madonna (durante parte del año)
1986-1990: Michael Jackson (de nuevo)
1991: Madonna (de nuevo)
1992: Michael Jackson (de nuevo)
1993: Whitney Houston
1994-96: Michael Jackson (de nuevo)
1997: Celine Dion
1998: Backstreet Boys
1999: Elton John
2000: Backstreet Boys (de nuevo)
2001-2007: Eminem
2008-2012: Rihanna
2013-2018: Drake
2019: Luis Fonsi, después Drake (de nuevo)

La última lista a finales de 2019 muestra los 10 primeros como: Drake, BTS, Ed Sheeran, Luis Fonsi, Taylor Swift, Rihanna, Justin Bieber, Katy Perry, Chris Brown, Bruno Mars, y Adele.

---

incluyen las ventas de *singles* digitales según lo informado por los minoristas de música en línea y los servicios de transmisión. "

Otro video similar indica los géneros musicales más populares en todo el mundo entre 1910 y 2019.[160] La siguiente lista muestra el estilo # 1 para cada período:

1910-11 Opera
1912 Marchas
1913-15 Opera (de nuevo)
1916-33 Country
1934 Jazz
1945-52 Country (de nuevo)
1953-55 R&B
1956-59 Rock and Roll (sube rápidamente)
1960-71 Soul
1972 Pop Rock
1973-79 Disco
1980 Pop Rock
1981-86 Techno Pop
1987-88 Pop Rock (de nuevo)
1989-2008 House
2009-2019 Hip-hop / Rap

En 2019, los 11 estilos más populares estaban en el siguiente orden: Hip-hop / Rap, Techno, R&B, Punk, Rock alternativo, House, Country, Indie-rock, Electro, Latino, Techno-pop.

Algunos cristianos están haciendo un impacto a través de estilos populares. Por ejemplo, Bono, quien se declara abiertamente cristiano, sigue siendo uno de los músicos de rock más famosos. *Christianity Today* escribe sobre raperos

---

[160] *Most Popular Music Styles 1910-2019* < https://youtu.be/eP88FUL7d_8> 9 de Sept., 2021. Dice, "La popularidad histórica se basa en las frecuencias de lanzamiento de discos de vinilo y CD en todo el mundo para géneros específicos ajustados a las listas de música de los últimos años."

como Lecrae y Shai Linne, diciendo que "sus letras proclaman el evangelio a través de un estilo musical conocido desde hace mucho tiempo, abordando las verdades crudas y el estado caído de la sociedad."[161]

La evaluación del arte

Los siguientes escritores nos animan a desarrollar una perspectiva bíblica del arte, y nos sugieren pautas para evaluar el arte.

H. R. Rookmaaker

En *Art Needs no Justification* [El arte no necesita justificación],[162] Rookmaaker explica que el arte tiene funciones prácticas, pero no por eso tiene el valor que tiene. El arte tiene valor por sí mismo, por su belleza. Habla de la ilustración de un árbol, que tiene muchas funciones: produce sombra, oxígeno, y madera, por ejemplo, pero su mayor importancia está en ser parte de la creación de Dios. Dios dio a la humanidad la capacidad para hacer cosas artísticas: la música, la poesía, decoraciones y esculturas, por ejemplo. El simple hecho de usarlas ya agrada a Dios, aunque no siempre veamos su utilidad práctica, porque al usarlos, estamos devolviendo un regalo a Dios. Por lo tanto, el arte no necesita justificarse. El arte tiene su propio valor y debe ser apreciado simplemente por su belleza.

Dorothy Sayers

En *The Whimsical Christian* [El cristiano impredecible], escritora Dorothy Sayers escribe un capítulo relevante al tema, "Hacia una estética cristiana". Dice que una obra de

---

[161] *Hip Hop*, Christianity Today online, Mayo 2013. <www.christianitytoday.com>
[162] H.R. Rookmaaker, *Art Needs no Justification* [El arte no necesita justificación] (Downers Grove, Illinois: InterVarsity Press, 1978).

arte es algo nuevo, y no simplemente una copia. Es una "creación", usando materiales que Dios ya creó, pero aplicando la creatividad, que es parte de la imagen de Dios en el hombre. Tal como Dios creó el mundo a Su imagen, el hombre también hace obras de arte "a su imagen". Es decir, reflejan algo de su carácter y su persona. No es que el artista diga, "¡Ah, qué linda la luna! Voy a buscar las palabras que expresen lo que la gente debería pensar acerca de ella" (a esto le llama "artesanía"), sino se encuentra diciendo palabras en su cabeza y cuando las anota y las lee, se dice a sí mismo, "¡Así es! ¡Eso es lo que fue para mí la experiencia de ver la luna! ¡Ahora lo reconozco y sé lo que fue!" Involucra su experiencia, su expresión de la experiencia, y el reconocimiento de la validez de la expresión. El arte contiene algo de lo que vio el artista, pero también algo de sí mismo. Ella sostiene que el "arte" que sirve para entretener solamente, realmente no es arte, sino una falsificación. Está bien hacer algo así para divertirse de vez en cuando, pero no debe reemplazar el arte verdadero. [163]

Francis Schaeffer

Schaeffer hizo mucho para renovar el interés en el arte entre los evangélicos. En *Art and the Bible* [El arte y la Biblia][164], destaca el hecho de que Cristo redimió al hombre entero y que Cristo es el Señor de cada aspecto de la vida. Muestra que el arte tenía un lugar en la Biblia, por ejemplo en la construcción del tabernáculo (Éxodo 25-28) y en el templo (2 Crónicas 3-4). La Biblia contiene bella poesía y

---

[163] Dorothy Sayers, *The Whimsical Christian; 18 essays* (New York: Collier, 1978). También publicado con el título, *Christian Letters to a Post-Christian World* (New York: Collier, 1987).
[164] Francis Schaeffer, *Art and the Bible* [El arte y la Biblia] (Downers Grove, Illinois: InverVarsity Press, 1973), pp. 7-8.

hermosas canciones. Los Salmos nos animan a glorificar al Señor con danza y con instrumentos musicales (Salmos 149 y 150). Schaeffer insiste en que el arte tiene valor en sí mismo, simplemente por su belleza, y no necesariamente por su utilidad. Nos desafía a hacer una obra de arte de nuestra vida entera.

Recomienda cuatro normas para evaluar una obra de arte:

a. Por su excelencia técnica. (¿Está bien hecho?)
b. Por su validez. (¿Se hizo en armonía con el enfoque de vida del artista, o solamente para ganar dinero o para ser aceptado?)
 c. Por su contenido intelectual. (¿Es verdad el mensaje o enfoque de vida que se comunica?)
d. Por su integridad. (¿El contenido y la forma de comunicación están en armonía?)

Hagamos un experimento, aplicando estas pautas para evaluar una canción que fue popular hace algunos años. Un grupo popular llamado *System of a Down* canta "Toxicity". Frecuentemente hay frases que tienen sentido, pero el conjunto de las frases no es coherente, sino fragmentado. Aparentemente están protestando algún tipo de corrupción. Supongo que querrán comunicar que la vida es un desorden, y por lo tanto, la letra de su canción también es un desorden. Al escuchar la canción, notará que algunas partes son tranquilas y melódicas, mientras otras secciones son muy fuertes y parecen expresar rabia.

... Conversión, versión de software 7.0, mirando la vida a
través de los ojos del centro de una rueda
comiendo semillas como pasatiempo, la toxicidad de
nuestra ciudad, de nuestra ciudad
Tú, ¿que eres dueño del mundo?
¿cómo eres dueño del desorden, desorden?
Ahora, en algún lugar entre el silencio sagrado
Silencio sagrado y el sueño en algún lugar,
entre el silencio sagrado y el sueño
desorden, desorden, desorden[165]

a. ¿Qué tal la excelencia técnica? Ya que no es el estilo de
canción que normalmente escucho, no es fácil evaluarla. Sin
embargo, entiendo que muchas personas consideran que
está bien hecha, dentro de este género musical. b. ¿Está en
armonía con el enfoque de los artistas? Por lo que he leído
en el Internet o escuchado en un informe especial en la
televisión, parece que la canción expresa su enfoque de vida.
Los músicos están enojados acerca de la guerra y el
genocidio. Sus abuelos fueron testigos de la muerte de sus
familiares en el genocidio que ocurrió entre 1915 y 1923 de
parte de los turcos. c. ¿Será verdad su mensaje? Como
cristiano, no puedo estar de acuerdo con la idea de que todo
es desordenado. Pero puedo estar de acuerdo en que hay

---

[165] System of a Down, "Toxicity", Sitio de Internet:
< http://www.elyrics.net/read/s/system-of-a-down-lyrics/toxicity-lyrics.html> (1 de
junio, 2010). Original en inglés:
...Conversion, software version 7.0 looking at life through the eyes of a
tire hub
eating seeds as a pastime activity the toxicity of our city, of our city
You, what do you own the world?
how do you own disorder, disorder
Now, somewhere between the sacred silence
Sacred silence and sleep somewhere, between the sacred
silence and sleep disorder, disorder, disorder...

mucha corrupción en el mundo. d. ¿Será apropiada la forma para expresar el contenido? En esta categoría, tengo que darles una nota muy alta. Si están enojados, y si creen que el mundo es desordenado, lo han expresado muy bien con los gritos y la guitarra fuerte.

¿Le parece demasiado positiva la evaluación? Si es así, lo entiendo. Confieso que primero tenía una actitud muy negativa acerca de esta canción, y todavía no me gusta escucharla personalmente. Pero quería analizar esta canción precisamente por esa razón. Aunque la canción no sea mi estilo favorito, todavía puedo admitir que la canción tiene cualidades positivas. Y aunque no estoy totalmente de acuerdo con el mensaje, todavía puedo admitir que tengo respeto por la perspectiva de los músicos.

Terry Glaspey

El escritor Terry Glaspey dice: "Experimentar el arte es como enamorarse. Exige vulnerabilidad al principio y, a menudo, se necesita mucho trabajo para mantenerla viva y mejorando." Esto significa aprender a estar abiertos a cosas nuevas y tomar tiempo para apreciar el arte. Compara esto con dos tipos de viajeros internacionales, "peregrinos" y "turistas". Un "peregrino" no tiene prisa y quiere aprender cosas nuevas sobre la cultura, la comida, la gente y las costumbres del país que visita. Un "turista" está más preocupado por mantener una agenda y ver todas las cosas típicas, a menudo se molesta por los inconvenientes y se agota mientras recorre rápidamente los museos, tratando de ver rápidamente todas las pinturas famosas.

Puedo identificarme con esto. A veces puedo ser un "turista", pero estoy aprendiendo a ser un "peregrino". Mi esposa Angélica me ayuda mucho. Me costó tiempo aprender a apreciar el *Templo Expiatorio de la Sagrada*

Familia en Barcelona. Me parecía demasiado extraño. Pero después de mirarlo con más cuidado, me fascinó. Me llamó la atención especialmente una escultura de Jesús siendo torturado. Me ha costado tiempo apreciar a músicos como Beethoven. Nunca ha sido mi compositor favorito, pero un día estaba solo en el auto haciendo un viaje largo y comencé a escuchar el segundo movimiento de su sinfonía # 7. Fue absolutamente conmovedor y lo escuché una y otra vez. Solo un genio podría componer una obra así.

Nuestra actitud hacia el arte

Creo que debemos usar discernimiento, pero desarrollar una actitud más positiva hacia el arte en general. Tenemos que recordar que Dios comparte Su gracia común y universal con todo ser humano, y que todos llevan la imagen de Dios.

A veces la influencia cristiana es aparente y obvia. En su bellísimo libro, *Huellas del cristianismo en el arte*, Miguel Ángel Oyarbide traza la historia de las pinturas que manifiestan temas que son claramente cristianos.[166] Pero también podemos encontrar residuos de la verdad cristiana en expresiones artísticas que no son tan obviamente cristianas. William D. Romanowski propone esta actitud en su análisis de la cultura popular.[167] Él considera que la creatividad artística es un don de Dios, y cita a Juan Calvino en su comentario de Génesis:

> El invento de las artes, y de otras cosas que sirven para el uso común y la conveniencia de la vida, es un don de

---

[166] Miguel Angel Oyarbide, *Huellas del cristianismo en el arte; la pintura* (Barcelona: CLIE, 2001).

[167] William D. Romanowski, *Eyes Wide Open; Looking for God in Popular Culture* [Con los ojos bien abiertos; buscando a Dios en la cultura popular] (Grand Rapids: Brazos Press/Baker, 2001).

Dios que no debe ser de ningún modo despreciado, y es una facultad digna de elogio.[168]

Romanowski encuentra temas, especialmente en la música y en las películas, que claramente reflejan aspectos de doctrina cristiana. Por ejemplo, dice que Bruce Springsteen canta acerca del pecado, la tentación, el perdón, la muerte, y la esperanza, entre otros temas. Sin pronunciarse sobre el verdadero compromiso espiritual del cantante, sugiere que la presencia de estos conceptos en sus canciones se debe a su crianza católica. Debemos reconocer que muchas películas y programas de televisión presentan una perspectiva del mundo que incluye la presencia de lo sobrenatural, aunque por cierto no es un enfoque bíblico (por ejemplo, la serie de Harry Potter). No es difícil pensar en ejemplos de películas basadas en el tema de la lucha entre el bien y el mal, como *El gladiador*, *Braveheart*, y *La lista de Schindler*.[169]

Sin imponer una interpretación cristiana donde no fue la intención de los productores, la película *Matrix* ilustra claramente el tema de la redención, incluso los temas de la muerte sustitutiva y la resurrección. Al final del filme, el protagonista da su vida por los demás, resucita, y destruye al enemigo, haciendo uso de sus nuevos poderes. Ya que Jesucristo es el héroe más grande de todos los tiempos, no debemos sorprendernos cuando los productores, conscientemente o inconscientemente, hacen que los héroes del cine reflejen algunas de sus características.

Los temas cristianos aparecen en el arte secular, porque la gracia de Dios alcanza a todos. Dios ha revelado algo de Su verdad a todos, y aunque traten de taparla, sigue

---

[168] Citado en Romanowski, *Eyes Wide Open*, p. 55.
[169] Romanowski, *Eyes Wide Open*, pp. 90-120.

manifestándose. Según Romanos 1-3, todo hombre sabe que Dios existe, tiene un sentido de bien y mal, y tiene un sentido de culpa. El hombre no puede borrar estos conceptos de su corazón, porque han sido colocados allí por su Creador. Estos conceptos son suficientemente interesantes para hacer kilómetros de películas cinematográficas y para componer miles de canciones.

Si es muy difícil encontrar conceptos cristianos en alguna expresión artística, podemos aprovechar la oportunidad para mostrar el vacío espiritual del no creyente, y la necesidad de Dios que se aprecia en su arte. Es decir, aun el arte más pagano nos sirve como punto de partida para hablar del evangelio. Por lo tanto, podemos mirar en forma optimista la desorientación de la sociedad actual, porque es una tremenda oportunidad para mostrar la solidez y la belleza de la revelación divina. En la desesperación y la falta de seguridad, los cristianos podemos escuchar las inquietudes del mundo, mostrar comprensión, y compartir el evangelio.

Debemos también aprender a identificarnos con el dolor del artista. Kierkegaard nos ayuda a entenderlo:

> ¿Qué es un poeta? Un poeta es un ser infeliz cuyo corazón está roto por sufrimiento secreto pero cuyos labios se han formado de tal forma extraña que los suspiros y los llantos que escapan de ellos salen como música bella.[170]

Podemos captar la profunda tristeza en las obras de la artista mexicana, Frida Kahlo. Ella sufrió un accidente cuando era joven, y vivía constantemente con el dolor físico. No

---

[170] Sören Kierkegaard, *Either/Or*, citado en *A Kierkegaard Anthology*, ed. Robert Bretall (New York: Randam House, 1946), p. 26. Traducido por el autor.

obstante, su mayor sufrimiento era sentimental, en su relación con Diego Rivera, famoso pintor de murales. Según ella, su matrimonio con él fue su "segundo accidente", peor que el accidente en el autobús. Ella pintó autorretratos, con la cara triste, con clavos en su cabeza, con lágrimas, y con un corazón que gotea sangre sobre su vestido.[171]

El arte es una radiografía del artista y de la situación social actual. Según Francis Schaeffer, el arte (pensando especialmente en la pintura) es el "segundo paso" en la línea de influencia cultural, después de la filosofía. Pero opina que el arte toca a más personas que la filosofía.[172]

En fin, nuestra actitud hacia el arte secular se transforma en algo más positivo cuando empezamos a buscar la evidencia de la gracia de Dios en él, y cuando empezamos a interesarnos en el mundo que nos rodea. No tenemos que ser tan negativos, sino podemos evaluar lo bueno y lo malo. Podemos aprender mucho de los artistas, porque son personas profundamente sensibles. No debemos ser ingenuos, llamando "cristiana" cualquier canción que mencione el nombre de Dios (como algunos hicieron con la canción de los Beatles dedicada a Hare Krishna, "My Sweet Lord"). Tampoco conviene exponernos a mucho de lo que se presenta al público hoy en día. (Pablo dice, "Todo es lícito, pero no todo es de provecho. Todo es lícito, pero no todo edifica." 1 Corintios 10:23.) Sin embargo, no debemos perder la oportunidad de aprender algo del arte, y de buscar residuos de la verdad en cualquier lugar. Seamos como los antiguos mineros, buscando las pepitas de oro en el arte.

---

[171] Phyllis Tuchman, "Frida Kahlo", *Smythsonian*, tomo 33, número 8, Noviembre, 2002, pp. 51-56.
[172] Francis Schaeffer, *The God Who is There* (Downers Grove, Illinois: InterVarsity Press, 1998), p. 46.

Temo que la iglesia evangélica haya perdido contacto significativo con la juventud afuera. Si quedamos adentro, pidiendo que vengan a ser como nosotros, muchos no tendrán interés. Debemos salir a buscarlos, escucharlos, y entenderlos. Jesús dejó Su comodidad y Su gloria para venir a estar entre nosotros. Se sentaba en la mesa con los pecadores, y estrechaba la mano para tocar los leprosos. Tenemos que aprender el lenguaje de la gente afuera. En *Caminos olvidados*, Alan Hirsch señala al hecho de que nuestras congregaciones tienden a desarrollar una identidad homogénea, y esto solamente permite acceso fácil para los que son similares. Por ejemplo, si nuestra congregación es de la clase media, con familias bien formadas y bien educadas, los que no sean así tendrán dificultad en acercarnos a nosotros. Se dio cuenta de que su congregación en Australia era accesible de parte de solamente un 12% de la población, porque la población general era "compleja y multicultural".[173]

Jesús y el arte

Podemos imaginar, aunque la Biblia no dice mucho acerca de Su juventud, que cuando Jesús era joven, seguramente aprendió a ser carpintero como Su padre terrenal, José. Si fue así, creo que podemos suponer que Se destacaba por Su excelencia. También podemos intuir que le agradaba cantar las alabanzas en el templo y leer la poesía del Antiguo Testamento.

Además, recordemos que la creación entera es Su obra de arte. Hablando de Jesús, Hebreos 1:2 dice, "...por medio de quien hizo también el universo." (Vea también Juan 1:2-3). Y cuando el Señor terminó, estaba satisfecho y contento, diciendo, "...y era bueno en gran manera" (Génesis 1:31).

---

[173] Alan Hirsch, *Caminos olvidados* (Missional Press, 2009), p. 28.

Proverbios 8:27-31 indica cuánto disfrutó el Dios Triuno de Su proyecto. La sabiduría personificada dice:

> Cuando estableció los cielos, allí estaba yo;
> Cuando trazó un círculo sobre la superficie del abismo,
> Cuando arriba afirmó los cielos,
> Cuando las fuentes del abismo se afianzaron,
> Cuando al mar puso sus límites
> Para que las aguas no transgredieran Su mandato,
> Cuando señaló los cimientos de la tierra,
> Yo estaba entonces junto a Él, como arquitecto;
> Yo era Su delicia de día en día,
> Regocijándome en todo tiempo en Su presencia,
> Regocijándome en el mundo, en Su tierra,
> Y teniendo mis delicias con los hijos de los hombres.

Nada me hace disfrutar más del arte que recordar que Dios mismo se deleita en ella. ¿Puede imaginar el momento en que Dios tiró las estrellas en el espacio y pintó el cielo ese celeste tan agradable? ¿Puede sentir Su alegría cuando esculpió las montañas, plantó los prados verdes y los bosques, talló los valles, y derramó el agua para fluir a través de ellos? Reflexione sobre Su sentido de satisfacción al diseñar los detalles perfectos de las joyas, las flores, y las aves. Sobre todo, piense el suspiro profundo de contentamiento cuando Dios coronó al hombre de gloria y honra (Salmo 8:5). ¡Piense en cómo el Señor revuelve las nubes de una manera especial y pinta los colores únicos de la puesta del sol cada día!

> ¡Sea para siempre la gloria del SEÑOR!
> ¡Alégrese el SEÑOR en sus obras! (Salmo 104:31)

191

Debemos seguir Su ejemplo y disfrutar nuestras habilidades artísticas. Todos podemos desarrollar pasatiempos, aprender a tocar la guitarra o el piano, a cantar, o a pintar. Se puede usar la casa para exhibir belleza, y se puede expresar creatividad en la preparación de la comida y en el arreglo de la mesa. Hay muchos trabajos que son dignos de ser llamado arte, como la joyería, la carpintería, la arquitectura, o el diseño. Cada vez que realizamos algo creativo, estamos reflejando la imagen de Dios.

Finalmente, cuando abrimos el libro de Apocalipsis, vemos el cielo abierto, y la promesa de la gloria futura. Vemos una abundancia de arte, todo centrado en Jesucristo. Siempre he pensado que sería una gran bendición si un productor cristiano pudiera hacer una película del Apocalipsis. Hay cánticos de alabanza, trompetas, ropa finísima, y banquetes. Hay nuevos cielos y nueva tierra, y hay una nueva Jerusalén con calles de oro, muros de piedras preciosas, ríos limpios, y el árbol de vida. ¡La nueva creación será una obra de arte maravillosa, más allá de nuestra imaginación!

Preguntas de repaso

1. ¿Por qué el cristiano debe estar más interesado en el arte que nadie?

2. ¿Qué quiere mostrar Rookmaaker en su libro *El arte moderno y la muerte de una cultura*?

3. ¿Qué dice Rookmaaker acerca de la actitud de los reformadores hacia el arte? ¿A qué se debió?

4. ¿Cuál es la palabra que usa el autor para describir el arte postmoderno?

5. ¿Qué opina Rookmaaker acerca del valor del arte?

6. ¿Qué opina Dorothy Sayers acerca del "arte" que sirve para entretener solamente?

7. ¿Cuál es la perspectiva de Francis Schaeffer acerca del valor del arte?

8. Mencione las cuatro normas de Schaeffer para evaluar una obra de arte.

9. ¿Qué quiere enseñarnos Terry Glaspey acerca de cómo apreciar el arte al distinguir entre "peregrinos" y "turistas"?

10. ¿Cuál debe ser nuestra actitud hacia el arte?, según el autor.

11. Mencione algunos temas cristianos que se encuentran en la música y en las películas no cristianas.

12. ¿Por qué aparecen temas cristianos en el arte secular?

13. ¿Dónde ubica Francis Schaeffer el arte en la línea de influencia cultural?

14. ¿En qué sentido debemos ser como los antiguos mineros cuando analizamos el arte?

15. ¿En qué diferentes sentidos Jesús es un gran artista?

Preguntas de reflexión

1. ¿Cuál ha sido su actitud hacia el arte? ¿Este capítulo le hizo cambiar su actitud de alguna manera? ¿Cómo?

2. ¿Cómo evaluaría usted la canción "Toxicity"? Explique por qué.

3. ¿Qué temas cristianos, además de los que son mencionados en el capítulo, ha encontrado usted en la música y en las películas contemporáneas?

4. ¿Cómo describiría usted la música popular actualmente?

5. ¿En qué maneras Jesús le inspira a desarrollar habilidades artísticas?

6. ¿Cómo podría hacer de su vida una "obra de arte"?

Ejercicio

Conversen en un grupo acerca de alguna obra de arte, una película, o una canción. Trate de identificar lo que quiere comunicar el artista o el compositor. Ocupe las cuatro normas de Francis Schaeffer para evaluarla:

a. Excelencia técnica. (¿Está bien hecho?)
b. Validez. (¿Se hizo en armonía con el enfoque de vida del artista, o solamente para ganar dinero o para ser aceptado?)
 c. Contenido intelectual. (¿Es verdad el mensaje o enfoque de vida que se comunica?)
d. Integridad. (¿El contenido y la forma de comunicación están en armonía?)

Conclusión

Cuando camino por nuestro vecindario, puedo ver fácilmente cuáles son los árboles fuertes, porque están erguidos hacia el cielo. Otros han sido doblados por el viento. Mi esperanza es que podamos ser más fuertes, capaces de resistir los vientos del pensamiento no cristiano y mantenernos firmes. Este no es solo un asunto intelectual; es espiritual. Debemos renovar nuestras mentes para que podamos hacer la voluntad de Dios (Romanos 12:2). Así como nos ponemos lentes cristianos para leer la Biblia y oramos para que el Espíritu Santo nos ayude a entender Su Palabra, debemos usar los mismos lentes cuando vemos las noticias en la televisión, cuando leemos un libro, cuando escuchamos música, o vemos una película.

No pretendo haber dado respuestas definitivas y completas para temas tan complejos como son la política, la economía, la ciencia y el arte. Solamente quiero dar unas pautas y animar a los lectores a seguir trabajando en el desarrollo de una cosmovisión cristiana. Nadie tendrá completa integridad intelectual en esta vida, pero debemos seguir hacia la meta.

No podemos ir al extremo de algunos autores que han sido citados en el libro, que reclaman que no existe la posibilidad de conocer la verdad. Gracias al Señor, estamos por lo menos en el camino correcto, porque Jesús es "el camino, la verdad, y la vida". Nos identificamos con Tolstoi cuando dice:

Si conozco el camino a la casa, y estoy caminando en él, aunque esté ebrio, ¿será el camino equivocado, solamente porque estoy tambaleando de un lado a otro?[174]

Aunque nos encontremos cojeando, ¡no abandonemos el camino!

---

[174] León Tolstói, carta personal, citado por Philip Yancey en *Soul Survivor*, p. 130.

Bibliografía

Bahnsen, Greg. *Van Til's Apologetic* [La apologética de Van Til]. Phillipsburg, New Jersey: P&R, 1998.

Blamires, Harry. *The Christian Mind* [La mente cristiana]. Ann Arbor, Michigan: Servant Books, 1963.

Blank, Rodolfo. *Teología y misión en América Latina*. San Luis, Missouri: Concordia, 1996.

Blomberg, Craig. *Ni pobreza ni riqueza*. Miami: CLIE/LOGOI, 2002.

Bonino, José Míguez. *Ama y haz lo que quieras; hacia una ética del hombre nuevo*. Buenos Aires: La Aurora, 1972.

_____*La fe en busca de eficacia*. Salamanca: Ediciones Sígueme, 1977.

Bourne, Peter G. *Fidel: A Biography of Fidel Castro*. [Una biografía de Fidel Castro] New York: Dodd, Mead, 1986.

Calvino, Juan. *Institución de la religión cristiana*. Países Bajos: Fundación de literatura reformada, 1968.

Carson, Donald A. *Cristo y cultura; una nueva aproximación*. Andamio, 2020.

Catecismo de la Iglesia católica. Montevideo, Uruguay: Editorial Lumen, 1992.

Confesión de fe de Westminster y catecismo menor, trad. Alonzo Ramírez Alvarado. Barcelona: CLIE, 1999. (Traducción de la versión inglesa del año 1647.)

Confesión de fe de Westminster, trad. Mariano Ávila Arteaga. Distrito Federal: El Faro/Libros Desafío, 1999. (Traducción de versión inglesa del siglo 18.)

Cooper, Derek. *Christianity and World Religions; An Introduction to the World's Major Faiths*. [Cristianismo y las religiones del mundo] Phillipsburg, NJ: P&R Publishing, 2013.

Cortés, Felipe, Ricardo Crane, Vladimir Rodríguez, y Jorge Sobarzo. *Psicología; Conceptos psicológicos prácticos para el obrero cristiano*. Miami: LOGOI, 2013.

Cruz, Antonio. *Postmodernidad*. Barcelona: CLIE, 1996.

_____ *Sociología; una desmitificación*. Barcelona: CLIE/FLET, 2002.

_____ *La ciencia ¿encuentra a Dios?* Barcelona: CLIE, 2005.

_____ *Bioética cristiana; una propuesta para el tercer milenio*. Barcelona: CLIE, 2003.

Donner, Theo. *Posmodernidad y fe; una cosmovisión cristiana para un mundo fragmentado*. Barcelona: CLIE, 2004.

d'Epinay, Christian Lalive. *Haven of the Masses; A Study of the Pentecostal Movement in Chile,* [Refugio de las masas; un estudio del movimiento pentecostal en Chile]. London: Lutterworth Press, 1969.

Fischerman, John. *Fearless Faith* [Fe sin miedo]. Eugene, Oregon: Harvest House, 2002.

Frame, John. *A History of Western Philosophy and Theology*. Phillipsburg, NJ: Presbyterian and Reformed Publishing, 2015.

_____. *Apologetics; A Justification of Christian Belief.* Phillipsburg, NJ: Presbyterian and Reformed Publishing, 2015.

Fujimura, Makoto. *Art and Faith; A Theology of Making.* [Arte y fe; una teología del hacer] New Haven: Yale University Press, 2020.

_____. *Culture Care; Reconnecting with Beauty for Our Common Life.* [El cuidado de la cultura] Downers Grove, IL: IVP Books, 2017.

Geisler, Norman, y Ron Brooks. *Apologética.* Miami: Unilit/Logoi, 1995.

Giannini, Humberto. *Esbozo para una historia de la filosofía.* Santiago de Chile, 1981. (La primera edición de su libro fue publicada privadamente.)

Gish, Duane. *Creación, evolución y el registro fósil.* Barcelona: CLIE, 1979.

Glaspy, Terry. *Discovering God Through the Arts; How Can We Grow Closer to God by Appreciating Beauty and Creativity?* [Descubriendo a Dios a través del arte] Chicago: Moody Publishers, 2021.

Gott, Richard. *Cuba; a New History.* [Cuba; una nueva historia] New Haven, CN: Yale University Press, 2004.

Groothuis, Douglas. *Truth Decay; Defending Christianity Against the Challenges of Postmodernism.* Downers Grove: IVP, 2000.

Ham, Ken, Hugh Ross, Deborah B. Haarsma, Stephen C. Meyer, y J. B. Stump. *Four Views on Creation, Evolution, and Intelligent Design.* [Cuatro perspectivas sobre la creación, la evolución, y el diseño inteligente] Zondervan. Kindle Edition. 2017

Hansen, Collin, Derek Rishmawy y otros. *Our Secular Age: Ten Years of Reading and Applying Charles Taylor.* [Nuestra edad secular; diez años leyendo y aplicando a Charles Taylor] The Gospel Coalition, 2017.

Hayhoe, Katherine. *Saving Us; A Climate Scientist's Case for Hope and Healing in a Divided World.* [Salvándonos; el caso de una científica de clima para dar esperanza y sanidad en un mundo dividido] New York: One Signal Publishers/Atria Books, 2021.

Hoffecker, W. Andrew, ed., *Building a Christian World View.* Phillipsburg, NJ: Presbyterian and Reformed Publishing, 1986.

Johnson, Paul. *Tiempos modernos.* Buenos Aires: Javier Vergara Editor, 1988.

Kierkegaard, Sören. *A Kierkegaard Anthology*, ed. Robert Bretall. New York: Randam House, 1946.

Kuyper, Abraham. Lectures on Calvinism, "Calvinism and Politics" [Discursos sobre el calvinismo, "La Política"] Discursos dados en la Universidad de Princeton, 1898.

Lewis, C. S. *Miracles* [Milagros]. New York: MacMillan, 1968.

_____. *Surprised by Joy* [Sorprendido por el gozo]. Orlando, FL: Harcourt Brace and Company, 1955.

MacArthur, John. *Think Biblically; Discovering a Christian Worldview* [Piense bíblicamente; descubre una cosmovisión cristiana] (Wheaton, Illinois: Crossway, 2003).

McGovern, Arthur F. *Marxism, an American Perspective* [El marxismo: una perspectiva americana]. Maryknoll, New York: Orbis Books, 1980.

Meeter, Henry. *La iglesia y el estado*. Grand Rapids, Michigan: TELL.

_____. *El Calvinismo, la Sociedad, y el Reino de Dios*. CLIR, 2019.

Moreland, J.P., and Reynolds, John Mark, eds. *Three Views on Creation and Evolution*. Grand Rapids: Zondervan, 1999.

Morris, Henry M. *Science and the Bible* [La ciencia y a la Biblia]. Chicago: Moody Press, 1986.

Mueller, Walter. *Understanding Today's Youth Culture* [Entendamos la cultura de los jóvenes de hoy]. Wheaton, Illinois: Tyndale, 1994.

Myers, Kenneth A. *All God's Children and Blue Suede Shoes; Christians and Popular Culture*. [Los hijos de Dios y los zapatos azules de gamuza] Wheaton, Illinois: Crossway, 1989.

Nagle, John C. *The Evangelical Debate Over Climate Change*, 5 U. St. Thomas L.J. 53 (2008). [El debate evangélico sobre el cambio de clima]:
<https://scholarship.law.nd.edu/law_faculty_scholarship/433>

Niebuhr, H. Richard. *Christ and Culture*. New York: Harper and Row, 1975.

North, Gary. *Introduction to Christian Economics* [Introducción a la economía cristiana]. Nutley, New Jersey: Craig Press, 1974.

Novak, Michael *The Spirit of Democratic Capitalism* [El espíritu del capitalismo democrático] New York: Simon and Schuster, 1982.

Oyarbide, Miguel Angel. *Huellas del cristianismo en el arte; la pintura*. Barcelona: CLIE, 2001.

Poythress, Vern. "A Biblical View of Mathematics" [Un enfoque bíblico de la matemática] en *Foundations of Christian Scholarship; Essays in the Van Til Perspective* [Los fundamentos de estudios cristianos; ensayos en la perspectiva de Van Til]. Vallecito, California: Ross House Books, 1976.

_____ *Redeeming Science; a God-Centered Approach* [Redimiendo la ciencia; un enfoque teo-céntrico]. Wheaton, Illinois: Crossway, 2006.

Romanowski, William D. *Eyes Wide Open; Looking for God in Popular Culture* [Con los ojos bien abiertos; buscando a Dios en la cultura popular]. Grand Rapids: Brazos Press/Baker, 2001.

Rookmaaker, H.R. *El arte moderno y la muerte de una cultura*. Barcelona: CLIE/Logoi, 2003.

_____ *Art Needs no Justification*. Downers Grove, Illinois: InterVarsity Press, 1978.

Ropero, Alfonso. *Introducción a la filosofía*. CLIE, 2013.

_____. *Filosofía y cristianismo*. CLIE, 2009.

Ryken, Philip Graham. *Art for God's Sake; A Call to Recover the Arts.* [El arte por Dios] Phillipsburg, NJ: P&R Publishing, 2006.

Sayers, Dorothy. *The Whimsical Christian*; *18 essays*. [El cristiano impredecible; 18 ensayos] New York: Collier, 1978. También publicado con el título, *Christian Letters to a Post-Christian World*. New York: Collier, 1987.

Schaeffer, Francis. *The God Who is There* [El Dios que está allí]. Downers Grove, Illinois: InterVarsity Press, 1968.

_____. *Art and the Bible* [El arte y la Biblia]. Downers Grove, Illinois: InverVarsity Press, 1973.

_____. *Pollution and the Death of Man* [Contaminación y la muerte del hombre]. Tyndale, 1970.

Sire, James. *The Universe Next Door; a Basic Worldview Catalogue* Downers Grove, Ilinois: InterVarsity Press, 1997. En español, *El Universo de al Lado*. Grand Rapids: Libros Desafío, 2011.

Stott, John. *Creer también es pensar*. Certeza, 2012.

Taylor, Charles. *A Secular Age*. [Una edad secular] Cambridge, MA: Harvard University Press, 2007.

Trueman, Carl R. *Republocrat; Confessions of a Liberal Conservative*. [Republocrat; confesiones de un conservador liberal] Phillipsburg, NJ: P&R Publishing, 2010.

Tuchman, Phyllis. "Frida Kahlo", *Smythsonian*, tomo 33, número 8, Noviembre, 2002, pp. 51-56.

Unamuno, Miguel de. *Del sentimiento trágico de la vida*. Madrid: Akal, 1983.

Van Riesen, Hendrik. *Enfoque cristiano de la Ciencia*. Barcelona: Fundación Editorial de Literatura Reformada, 1973.

Van Til, Cornelius. *The Defense of the Faith* [La defensa de la fe]. Phillipsburg, New Jersey: Presbyterian and Reformed, 1979.

_____ *Defense of the Faith; Doctrine of Scripture*. Phillipsburg, New Jersey, Presbyterian and Reformed, 1967.

Walsh, B.J. y J.R. Middleton. *Cosmovisión Cristiana; una visión transformadora*. Barcelona: CLIE, 2003.

Whitcomb, John C. Jr. y Henry M. Morris, *The Genesis Flood; The Biblical Record and Its Scientific Implications* [El diluvio de Génesis; el relato bíblico y sus implicaciones científicas]. Nutley, New Jersey: Presbyterian and Reformed Publishing Company, 1961.

Wolters, Albert M. *Creation Regained; Biblical Basics for a Reformational Worldview*, segunda edición. Grand Rapids: Eerdmans, 2008. Edición Kindle. [Publicado en español: La creación recuperada: bases biblicas para una cosmovision reformacional. Dordt College Press, 2006.]

Yancey, Philip. *Soul Survivor; How My Faith Survived the Church* [Sobreviviente espiritual; cómo mi fe sobrevivió la Iglesia]. New York: Doubleday, 2001.

Índice

www.ingramcontent.com/pod-product-compliance
Lightning Source LLC
Chambersburg PA
CBHW070914130626
46555CB00001B/132